間違いだらけの早期教育

その「英語」が子どもをダメにする

榎本博明

青春新書
INTELLIGENCE

はじめに

これからはグローバル化の時代だし、わが子には英会話くらいできるようにさせたい。そんな思いはありませんか。

実際、そのように考える人が多く、英会話の早期教育が盛んに行われるようになっています。でも、本当にそれでよいのでしょうか。

２０２０年の東京オリンピックに向けて、英語教育を強化しようといった動きもあり、英会話の早期教育熱にさらに拍車がかかっていますが、オリンピックなど3週間もすれば終わってしまいます。

もちろん、その後も海外から旅行客は来るでしょう。でも、海外からの旅行客と会話ができるようになるために、小さい頃から熱心に英会話を勉強させる——勉強って、頭を良くするために鍛えるって、そんなものでしょうか。

将来、仕事で海外とのやりとりがあるだろうから、英会話がきっと必須になる。そう考える人もいるはずです。ところが、じつは近い将来、英会話は必要なくなるっていう状況になったら、どうしますか。

現在進行中の英会話ブームは、じつは大きな勘違いの上に成り立っています。

それによって、本当に必要な経験を重ねたり、大切な勉強をしたりすることがおろそかになり、ものを考えることのできない若者が増えています。中学生くらいになると授業についていけない子が非常に多いのが現状です。大学に入ったものの、専門書どころか文芸書も教養書も読めないといった学生が、キャンパスに溢れています。

わが子を頭の良い子にしたいと思って、小さい頃から英会話を習わせているのに、どうも逆の方向にいってしまう。それは、わが子が中学生くらいになった頃から、多くの親が感じていることのようです。

子ども時代の学びから、何か大切なものが抜け落ちているようです。まずは、それに気づく必要があります。

そして、これからの時代を生き抜くためには、どんな能力を身につけることが求められているのかを、親自身がここで立ち止まってじっくり考えることが必要です。

世の中の英会話ブームは、ここが最後の稼ぎどころと考える英会話塾業界や英会話教材業界などにより、子どもビジネスの一環として展開されているにすぎません。幼い子をもつ親としては、そうしたビジネスに乗せられることなく、わが子の将来を見据えた判断をする必要があるのです。わが子が育ってしまってから後悔しても、あとの祭りです。

そこで、本書では、現在進行中の英会話の早期教育ブームの危うさをさまざまな根拠を用いて解説しつつ、これからの時代に本当に必要な能力とは何かを示していきたいと思います。

今の世の中、子どもの教育の世界さえも経済の原理で動いているようなところがあります。そこで、そうした動きに惑わされずに、親自身がわが子の将来のために適切な教育方針を自信をもって貫けるように、心理学や脳科学、そして英語教育の世界の知見を総動員して、有用な情報提供をするとともに、強力な指針を示したいと思います。

子育て中の方々には、本書を参考に、英会話ブームという妖怪からわが子を守る術《すべ》について、危機感をもって真剣に考えていただきたいと思います。

平成29年7月

榎本博明

間違いだらけの早期教育　その「英語」が子どもをダメにする　目次

第1章　「英語」ができても頭が悪い子の共通点

第2章　伸びる子ほど、英語力より日本語力！

第４章　これからの時代、英語が流暢な人ほど仕事に困る⁉

第5章　ＡＩ時代、子どもに真に求められる能力とは？

企画協力／有限会社Ｂｒｉｎｇ　ｕｐ
田中大次郎
ＤＴＰ／エヌケイクルー

序章

早くから英会話を学んでも英語力は上がらない、という新事実

子どもが身につけるべき能力の勘違い

小学校英語の正規の科目化が計画されていることから、その動きを先取りした英会話塾などによる宣伝文句に煽《あお》られて、わが子に英語を習わせようとする親たちの英語熱が高まっています。

小学校から英語を教えることについては、ちょっと前までは慎重な意見が多かったのですが、このところ賛成が多数派になってきました。

朝日新聞の意識調査によれば、２００６年に小学校で英語教育を行うことについて尋ねたときには、賛成は38％、反対は52％と、反対が過半数でした。反対の理由としては、「国語がおろそかになる」をあげる人が目立ちました。ところが、それから7年後の２０１３年には、賛成59％、反対41％と賛成の方が多くなっています。

英語教育の開始時期を早めることについても、インターネットで全国の20～60代の男女１０００人に尋ねた調査によれば、賛成が77・９％、反対が22・１％と圧倒的に賛成が多くなりました。とくに子育て世代にあたる30代女性では賛成が90％となっています（日本経済新聞電子版２０１６年2月14日付）。

ただし、英語教育の専門家の間では、早く始めた方が英語ができるようになるというのは幻想にすぎず、母語を習得できてからの方が効果的に習得できるといわれています。

認知心理学の観点から見ても、母語体系が習得できていることで初めて、それをもとに外国語がうまく習得できると考えられます。

バイリンガル教育が専門のカナダ・トロント大学のジム・カミンズ教授も、母語の能力が外国語学習を支えるといいます。

母語の学習をおろそかにして英語に時間や労力を割くことで、「ウチの子は英語でアメリカ人と会話ができる」などと喜んでいると、うっかりすると「セミリンガル」になってしまう恐れもあります。セミリンガルとは、この場合でいえば、日本語力も英語力も両方とも中途半端で、思考の道具としての言語を失った状態を指します。

言語には、コミュニケーションの道具としての機能だけでなく、思考の道具としての機能もあります。会話はできても思考力がない。そのため学校の授業についていけないばかりか、自分の内面の繊細な思いや抽象的な考えをうまく表現できない。そんな状況になったら、取り返しがつきません。

セミリンガルは、かつては母語形成期に親の転勤に伴い海外に移住し、どちらの言語も中途半端なままに帰国する子どもの問題でしたが、今では幼児期からの英語熱のせいで、ふつうに日本で生まれ育っていても起こりかねません。実際、後述のように、日本語の教科書を読んでも理解できない中学生が5割もいるのです。

さらには、英会話を中心とした早期の英語教育が、肝心の英語力の向上にもつながっていないという事実もあります。1993年以降、英語教育を読解や文法から会話中心に転換したことによって、中学生の英語力が顕著に下がったことがデータではっきり示されているからです。

横浜国立大学の斉田智里《さいだちさと》教授が、公立高校の入試問題について、20万人のデータを対象に、英語の学力の経年変化を検討しています。その結果、1995年〜2008年の14年間、毎年一貫して英語の学力は低下し続けていることがわかりました。学力低下の程度は、偏差値にすると7・4にもなるそうです（和歌山大学江利川春雄《えりかわはるお》研究室ブログより）。

こうした学力低下のために、大学でも従来のような英語の文献を使ったゼミが成り立たないといった事態も生じているのです。英語の読解ができないからです。

小さな子をもつ親に英語の早期教育に賛成する人が多いというデータを見るにつけ、英会話に何かとんでもない幻想を抱いているのではないかと思わざるを得ません。

子どもにこれから本当に必要なのはどんな能力なのかを少し冷静に考えることで、熱を冷ます必要がありそうです。

英会話力と学習能力、本当に必要なのは

詳しくは後章で説明しますが、世界共通語としての英語は、今やアメリカ人やイギリス人の英語ではなく、ネイティブでない人たちの英語です。日本人が仕事でやりとりする相手の多くはアジア人であり、そこで使われる英語はネイティブの英語ではありません。しかも、アジア人の英語の方がお互いに通じやすいのです。

そして、その程度の英会話を身につけるのは、社会に出てからでも十分に間に合います。

さらにいえば、本来別ものであるはずの母語学習と外国語学習を、（意図的に？）混同している英会話教材や英会話学校の宣伝文句が飛び交っていますが、日本語環境で育つかぎり、いくら幼い頃から英会話を学んでも、アメリカ人のようにはなれません。

もうひとついえば、日本語ペラペラだけど中身が薄っぺらそうな外国人と、片言の日本語しかしゃべれないけど教養豊かで頭の回転が速い外国人と、どちらを仕事で雇いたいと思うでしょうか。

もうちょっと身近な例を出すと、方言を標準語に矯正するためのリスニングばかりしている子どもや若者と、方言によるなまりはあっても幅広い読書をしている子どもや若者とでは、どちらが頭が良くなるでしょうか。どちらが仕事で使える人物になる可能性が高いでしょうか。

答えは一目瞭然でしょう。それがわかれば、英会話熱に浮かれていないで、日本生まれ、日本育ちゆえに自然に手に入れた日本語という武器を駆使して、知識教養を身につけ、思考力を磨いておくことが何よりも大切だと思えてくるはずです。

もちろん、外国人と将来知り合ったときに仲良くしゃべれるようにさせたい、英語の音《おん》を聞き分けられるようにさせたい、きれいな発音ができるようにさせたいといった親の気持ちもわからないではありません。

でも、そうした親心で英会話の習得に力を入れているうちに、日本語力が鍛えられないままになってしまい、将来、ちょっと難しい本も読めない、授業についていけない、といったことになりかねません。当然、就ける職業も限られてきます。

現に、すでにそういう大学生が大量に生み出されています。私はいろんな大学で教えてきましたが、ＳＮＳのやりとりはできるし、ブログやネット記事は読めるけど、文学・評論とか専門書は難しくて読めない、授業も友だちとしゃべる言葉と違うから理解できないといった大学生が珍しくないのです。

外国人観光客がどんどん増えているので、英会話教育を充実させる必要があるといった声もよく耳にします。そういう人材が早急に必要だという政府や産業界の事情はわかります。でも、子育てをしている人は、そんな声に乗せられないように注意が必要です。勉強というのは、外国から来た観光客に道案内するためにするようなものではないからです。

ベネッセが2015年に全国の小学5・6年生とその保護者を対象に実施した調査によれば、「他の教科と比べて英語はおもしろい」という子が71・5%、「英語の授業をもっと増やしてほしい」という子が59・1%、「他の教科と比べて英語は簡単に感じる」という子が47・9%などとなっています。

学校での英語活動が楽しいという子どもが多いのです。そうした声を聞いて、小学校から英会話教育をすることに肯定的な気持ちになるのかもしれません。でも、英語で簡単なゲームをしたり歌を歌ったりするわけで、いわば幼稚園でやってきたお遊戯を英語でやるようなものです。

他の教科のように勉強ではなく遊びなのだから、楽しくて当然でしょう。もっと時間を増やしてほしいという子どもの声もありますが、せっかく学校に上がったのに、幼稚園みたいな遊びをするために他の教科の勉強時間を削っていいはずはないでしょう。

英語の勉強が必要なくなる?

さらに、ここで考えておかなければならないのは、近い将来、自動翻訳機の発達によって、だれもが自国語でしゃべれば外国人と会話できるようになり、英会話の学習はまったく必要がなくなるということです。

そうなったとき、英会話ばかりが得意な子には、何も「売り」がなくなってしまいます。子どもの頃から英会話に時間と労力を費やしてきた人物と、幅広い読書で教養を身につけて視野を広げてきた人物と、どちらが魅力的で、語り合いたい人物か、どちらが有能で雇いたい人物か、いうまでもありません。

でも、そのような認識はまだ広まっていないようです。大学生237名を対象に、2017年に私が実施した調査でも、「日本人はもっと英会話力を身につけるべきだと思うか」に、「そう思う」が80・2%、「そう思わない」が9・3%となっており、8割がもっと英会話力をつけるべきだと思っていることがわかりました。

「これからの子どもたちは英語をしゃべれるようになるべきだ」に対して、「そう思う」が67・5％、「そう思わない」が11・0％で、これからの子どもたちは英語をしゃべれるようになるべきだと思っている者が圧倒的多数であることがわかります。「学校教育でもっと英語の時間を増やすべきだ」に対しても、「そう思う」が64・6％、「そう思わない」が12・7％で、英語の時間を増やすべきだと思っている者が圧倒的に多いことがわかります。世の中の動きに敏感なはずの大学生でさえも、どうも現状を十分認識できていないようです。

英会話というと、多くの日本人は、英語コンプレックス、アメリカコンプレックスを刺激されて、つい冷静さを失ってしまいがちです。ここが最後の稼ぎ場と勢いづいている英会話業界の宣伝文句に惑わされずに、わが子の将来を冷静に考えるべきでしょう。

自動翻訳の技術は急速に進歩しており、旅行会話程度の音声翻訳は、すでに実用化レベルに達しています。奈良先端科学技術大学院大学の中村哲《なかむらさとし》教授は、音声翻訳技術の研究に長年取り組んでいますが、開発中の音声翻訳の性能を人間の通訳者と実際に比較したところ、同時通訳経験1年レベルと同じ精度と速度を達成したといいます（『エコノミスト』2014年1月14日号）。

新米といえども同時通訳者並みということは、一般の英会話学習者をはるかにしのぐ通訳力をもつことになります。２０２０年を目標に同時通訳システムを開発中とのことですが、そうなると、これからはもう外国人との簡単なコミュニケーションのために人間がわざわざ英会話の勉強をする意味がなくなるでしょう。機械の方が性能が良かったりするのですから。

これからのＡＩ時代に「必要な能力」と「強みとなる能力」

２０１３年にオックスフォード大学の研究グループが、10～20年後にアメリカの雇用者が従事している仕事の47％が機械に取って代わられると予測しました。

２０１５年には野村総合研究所が、オックスフォード大学の研究者との共同研究で、日本国内６０１の職業について検討し、10～20年後には日本の労働人口の約49％が就いている職業が人工知能やロボットで代替可能になるとの予測を発表しています。

今ある仕事の半分は、人間がやらなくてよくなる、つまり10～20年後には今ある職業の半分はなくなっているというのです。これはとてつもなく衝撃的なことです。

現在グローバルに進行しつつあるＡＩ革命は、第４次産業革命ともいわれるように、私たちの生活や働き方を大きく変えていくでしょう。

そうした動きを前にして、これからの時代に求められるのは、プログラミング的思考だといわれます。でも、これからの学校教育でプログラミング的思考を重視するのであれば、そうした能力はだれもが身につけることになるはずです。そうでないと日常生活が成り立ちません。そうなると、プログラミング的思考などは何の強みにもならないでしょう。

また、前項で指摘したように、ＡＩの進歩により、近い将来、英語や英会話の勉強は必要がなくなります。電話の進歩により電話番号を覚える必要がなくなったように、英会話力も必要なくなります。

では、どんな能力が強みになるのか。それは、コンピュータ的な思考に欠けている能力、ＡＩが苦手とする能力です。

文科省では、これからの時代に求められるのは、予測できない変化に受け身にならずに主体的に向き合う姿勢、主体的に学んでいく力、自分の感情や行動をコントロールする力、自分が考えていることを客観的にとらえる力、より良い生活や人間関係を自主的に形成する態度などをあげています。

ここでいわれているのは、まさにＥＱ（Emotional Intelligence Quotient）に相当する能力であり、これこそがＡＩに欠けている能力です。

ＥＱというのは、アメリカの心理学者ダニエル・ゴールマンが提唱したもので、心の知能指数ともいわれます。

ＩＱ（Intelligence Quotient＝知能指数）は遺伝によって決まるところが大きいのですが、ＩＱの高い人が必ずしも成功せず、ＩＱが平均並みの人が大成功したりするのはなぜか。そうした疑問から、ゴールマンは、人生で成功するかどうかは、心の知能指数によって決まるのではないかと考えたのです。それがＥＱです。ＥＱは、生後のしつけや教育によって十分高めることができます。

そして、ＩＱに含まれる記憶力や論理的思考力などはＡＩが得意なのに対して、ＥＱは人間独自の能力といえます。では、ＥＱとはどのような能力で、どうしたら伸ばせるのか。それについては、後章で具体的に説明します。

もうひとついえば、プログラミング教育を文科省が推奨しているからといって、タブレットやスマホをいじらせるのがよい、ゲームでもいいから慣れさせておく方がよいなどと思ってしまうと、将来取り返しのつかないことになる可能性があります。それについても、後章で具体的に説明します。

AI「東ロボくん」が東大合格を断念した理由

ＡＩプロジェクト「ロボットは東大に入れるか」を進めてきた国立情報学研究所の新井紀子教授は、２０１６年に「東《とう》ロボくん」の東大合格を断念しました。

「東ロボくん」は、高校3年生の上位2割に入る実力があり、２０１６年にはついに関東ならＭＡＲＣＨ（明治、青山学院、立教、中央、法政）、関西なら関関同立（関西、関西学院、同志社、立命館）と呼ばれる難関私大に合格可能性80％以上と判定されました。でも、東京大学には及ばず、今後も無理だろうといいます（朝日新聞２０１６年11月25日）。そこには記述式の問題が重視されているかどうかが大きく関わっていると考えられます。

新井は、「東ロボくん」を5年間育ててみて、ＡＩにできることと、できないことがあることがわかったといいます。

それは、膨大なデータを覚え、傾向をとらえるのは得意なのですが、「意味」がわからない。暗記ものは得意でも、意味をきちんと理解しないと答えられないような問題が解けないのです。

それにもかかわらず、8割の高校生が「東ロボくん」の成績に及ばないのはなぜか。そこで学力調査をしたところ、浮上したのは、今の中学生の約2割は教科書の文章の主語と目的語が何かという基礎的読解ができておらず、約5割は教科書の内容を読み取れていないということでした（朝日新聞2016年11月9日）。

これは衝撃的な結果でした。中学生の5割が教科書の内容を理解するだけの日本語の読解力がない。そのため勉強についていけず、試験もできないのです。

ここからわかるのは、今の子どもたちの教育の深刻な問題――日本語での読解力が身につかないような教育環境にあるということです。英会話にうつつを抜かしているうちに、日本語の読解力が身につかなくなっているとしたら、これは致命的なことです。

私たち日本人は、ものを考えるのに日本語を用います。今、この本を読みながら、あなたが何か考えるとき、頭の中で日本語で思考しているはずです。そうした日本語の力が身につかないとしたら、これは大変なことです。

ものをしっかり考えることができない、人の話を聞いても深く理解できない、文章を読んでも意味がわからないというのでは、社会に出て活躍することは無理でしょう。それどころか、まともに仕事ができるのかが心配です。

「早く話せるようになること」にどれだけの意味があるか

教育心理学の世界でも、英語の早期教育の効果について疑問がもたれています。

主な批判は、「環境が乏しいことの有害性が、環境が豊かなことの有益性に置き換えられている」とするものです。つまり、与えられる刺激があまりに乏しいことは発達を阻害するが、刺激が多ければ多いほど良いというわけではない、ということです。

幼児期の環境が虐待などによってあまりも悲惨だったり、刺激が乏しかったりすると発達が阻害されることがあります。だからといって、刺激を豊かに与えれば発達が促進されるかといえば、必ずしもそうではありません。たとえていえば、ビタミンが欠乏するのは好ましくないわけですが、ビタミンを大量に摂取すればよいというわけではないのと同じです。

もうひとつ早期教育について考えなければならないのは、目先の効果と長い目で見たときの意義を区別する必要があるということです。

私の長男が3歳の頃、幼稚園の同級生からもらったという手紙を持ち帰り、それを読んでくれといってきました。同じ年の友だちが手紙を書けるのに、ウチの子は手紙を書くどころか読めないのです。

そこにタイミングよく、「お子さんの教育は、すでに0歳児から始まっています」などと早期教育を煽るダイレクトメールが入り、そこには教育心理学者の推薦の言葉と顔写真がありました。プロフィールを見ると私の先輩でした。「こんな商法が行われてるのか。これはみんな焦るだろうな」と思いました。

私が教育心理学者でなければ、あまりの学力差にショックを受け、タイミングよく入ったダイレクトメールに釣られて早期教育をさせようと思ったかもしれません。でも、冷静に考えれば、その友だちは文字や文章を書くことを習っているから書ける。ウチの子は、習っていないのだから書けないし読めない。ただそれだけのことにすぎません。

いずれ小学校に行けば、だれでも手紙くらい読めるようになるし、書けるようになります。そのとき、得意な気持ちでいたのにみんなに追いつかれる子のショックは、けっこう大きいのではないでしょうか。それなら、幼少期に経験しておくべきことをさせた方がよいでしょう。

まだ3歳だった私の長女の友だちが英会話を習っていて、試しに一緒に交ぜてもらったら楽しかった、○○ちゃんは英語でしゃべってたんだよ、自分も習いたい、などと娘が言い出したこともありました。でも、私はただ聞き流しました。

日常生活で英語を使うわけでなければ、たいして上達もしないから時間の無駄だし、もっと別のことをしている方がいいし、もし本格的に英語漬けになどしたら、言語能力の発達に支障が出る恐れがあると判断したからです。その年齢段階で重要なのは、日本語を思考の道具にできるように、日本語でさまざまなコミュニケーション経験を積み重ねていくことです。

結局、文字を書く早期教育をすれば文字を書けるようになるし、英会話の早期教育をすれば簡単な英会話ができるようになるという意味では、早期教育は効果があるといえます。ただし、それが早くできるようになることに、どれだけ意義があるのかが問題です。

それよりも幼少期に発達させるべき能力があるということを考えた方がいいでしょう。英会話で遊んでいる場合ではないのです。

では、どんな能力を発達させるべきなのでしょうか。それについては、後章で一緒に考えていきましょう。

英語〝偏重〟教育時代に、親が間違えてはいけないこと

今の教育行政は、企業の利潤追求のための即戦力養成を優先しているのは明らかです。

そこには、企業にとっての即戦力という視点が色濃く出ていますが、企業でなく個人にとって重要なのは、長期的視野で能力を高めることです。

たとえば、海外企業と英語でやりとりできる人材が入ってくれれば企業としては便利ですが、本質的な学力がなければ、ただ使い捨てられるだけの人材でしかありません。それでも企業はまた別の人材を入れればいいだけで、何も困りません。でも、個人の人生は大きく損なわれてしまいます。

それなのに、これからの子どもたちは、よりいっそうの英会話重視の教育により、国語や算数など他教科の勉強に割く時間や労力を減らすことになり、英語教育も勉強としての言語能力の鍛錬でなく、ますます実用英会話中心になっていきます。そうなると、これから大人になっていく子どもたちは、英会話は多少できても、思考力が鍛えられず、教養も乏しく、知的水準の低い人物に育っていく可能性が高いといえます。

元大阪大学総長の岸本忠三《きしもとただみつ》博士は、世界的に有名な免疫学者ですが、自分のしゃべる英語のことを河内弁英語だといいます

「発音は全くダメ。読むだけだったから。今でも英語で講演すると『キシモトの英語は、他の人と発音や抑揚が違う』と言われます。『河内弁英語』らしいです」

「『小学校から英語教育を』といいますが、中身がないのに、英語だけぺらぺらでもだめやと思います。話の内容に価値があれば、下手な河内弁英語でも、相手は一生懸命聞く。日本語でも同じとちゃいますか」（朝日新聞2014年9月9日付）

研究者にかぎらず、経営者でも、官僚でも、政治家でも、作家でも、音楽家でも、スポーツ選手でも、何らかの領域で今活躍している日本人が、もし子どもの頃から英会話に時間や労力を費やしていたら、ただの凡人に終わっていたかもしれません。

必要かどうかもわからない外国人とのコミュニケーションの訓練をするより、中身の充実、能力開発の方がはるかに大切なはずです。

今やわが子の能力開発を守れるのは親しかいないのです。

耳に痛い情報、自分が今わが子にやらせていることは間違いなのではないかと不安にさせる情報、いわゆる自分にとって脅威となる情報に対し、人は耳をふさぎ、心を閉ざす心理傾向があります。

それは、心理学の世界では、認知的不協和理論によって証明されています。都合の悪い情報は、心の世界に取り入れないのです。それで安心を得ようとするわけです。

その結果、間違った方向に突き進んでしまい、大きな失敗をしたり、好ましくない習慣を続けて病気になったりする。そんな習性が私たちにはあります。

この場合、不快感を嫌い、英語教育熱に水を差すような情報を避けようとして耳をふさぐと、将来、子どもたちが甚大な被害を被ることにもなりかねない、ということです。

第1章 「英語」ができても頭が悪い子の共通点

英語熱の背後に潜むコンプレックス

2020年の東京オリンピックに向けて英会話を強化しようという世の中の空気の影響もあって、わが子にできるだけ早い時期から習わせたいという英語熱はどんどん高まっています。

ただし、それには親自身の英語コンプレックスが強く関係しているように思われます。そのコンプレックスには、つぎの3つのパターンがあります。

①親自身が英語が苦手で、学校の英語の勉強もできなかったため、英語に強いコンプレックスを抱いており、英語ができる人はすごいと思っていて、わが子には英語ができるようになってほしいと願っているというパターン。

世間には英会話塾の宣伝が溢れており、それに英語コンプレックスが刺激され、あまり深く考えずに子どもに英会話を習わせようとします。

言語社会学者寺沢拓敬《てらさわたくのり》は、ベネッセが2007年に実施した「小学校英語教育に関する基本調査（保護者調査）」を二次分析して、英語に自信のある人ほど、かつての学校の（英会話中心でない）英語教育は役に立ったと答える傾向があることを見出しています。

逆にいえば、英語に自信のない人ほど、自分が受けた学校の英語教育に対して不満を抱いており、英会話中心にしてほしいと考える傾向があるわけです。

②親自身、英語の勉強がとくに苦手だったわけではないし、むしろ成績が良かった方だが、いざ外国人を前にするとうまく会話ができないため、それがコンプレックスになっており、わが子には何としても英会話ができるようになってほしいと願うというパターン。

自分自身が英語の勉強はできる方だったのに、外国人との会話が苦手なため、これからは外国人とのコミュニケーションが大事だといわれると、やはり英語の勉強よりも英会話の方が役に立つと思いがちで、子どもに英会話を習わせようとします。

③親自身、英会話が得意で、周囲の日本人に対して優越感を感じており、わが子にも同じように英会話が得意になってほしいと思っているというパターン。

この場合、本人は意識していないかもしれませんが、周囲の日本人に対して感じる優越感は欧米コンプレックス、あるいはアメリカコンプレックスの裏返しとなっています。

実際には③のタイプは少なく、①と②がほとんどでしょうが、いずれにしてもコンプレックスというのは無意識のうちに思考や感情や行動に影響を及ぼすため、英会話を習わせることのもつ意味を冷静に考える心の余裕を失い、ついつい英会話ビジネスに乗せられてしまいます。

学校の英語が勉強から会話に変わった悪影響

学校の英語教育をどうすべきかについては、激しい論争が繰り広げられています。そんなことは専門家や政策決定者に任せておけばいい、自分たちには関係ないと思われるかもしれません。

でも、じつは、そこで出される方針が、これから教育を受ける子どもたちの将来を大きく左右するのです。それが好ましくない方向に行くのなら、親としては家庭教育の中で対処する必要が出てきます。

さて、学校の英語教育をどうすべきかでとくに揉めているのは、英語の時間を知的能力を鍛える場にするか、実用会話を身につける場にするかということです。そして、現実はというと、日本の学校教育の英語は、知的能力を鍛えるものから単なる実用英会話の訓練へと方針転換されました。

学術的な専門家の集団である日本学術会議は、「ことばに対する能動的態度を育てる取り組み――初等中等教育における英語教育の発展のために――」（２０１６年）の中で、１９８９年以降の英語教育では、読解重視から実用重視への転換が図られ、英語でのコミュニケーション能力の育成が主流となっている現状に対して、「日本国内で英語を話す需要がほとんどないのに、『コミュニケーション』を最優先することが『実用的』なのか」と疑問を提起しています。

従来のように文法や訳読（英文を日本語に訳すこと）の勉強をしていても外国人としゃべれるようにならないということで、英語教育がコミュニケーション中心の実用英会話へとシフトされてから25年以上にもなります。でも、最近の若者は英語をよくしゃべれるようになったといった声は聞きません。

実際、大学生237名を対象に、2017年に私が実施した調査でも、「自分は英会話が苦手だ」という項目が「あてはまる」が73・3%、「あてはまらない」が12・1%となっており、大半の学生が「自分は英会話が苦手だ」と思っていることがわかります。

いまだに、日本の英語教育は文法や訳読ばかりしているからしゃべれるようにならないのだといった声が多いのですが、実情を知らないのです。今では大学入試にも文法は出ないし、筆記試験を受けずに大学に進学する生徒も非常に多くなっており、小学校のみならず中学、高校でも、会話中心に英語教育が行われています。

それなのにしゃべれない者が多いとしたら、それはじつは大変なことなのです。言語能力を高め、文化教養を身につけ、知的鍛錬になる訳読から会話重視にシフトしたのに、相変わらず会話が苦手だとすると、勉強としての英語も、コミュニケーション手段としての英会話も、両方とも身についていないことになるわけです。

最近は、さらに実用英会話へのシフトに拍車がかかっています。数年前から高校では英語の授業は日本語を使わないで行うことになっており、この先、中学もそうすることになっています。

そうなれば、当然のことですが、頭の鍛錬、知的冒険としての訳読中心の英語教育はできません。

「英会話ができる」＝「勉強ができる」という勘違い

なぜ、世の親たちが競うようにしてわが子に英会話を習わせようとするのかといえば、英会話ができることが知的でカッコイイと思っているからではないでしょうか。そこに大きな勘違いがあります。

たしかにかつては「英語ができる子」は「勉強ができる子」でした。そんな親自身の過去の経験が勘違いをさせるのでしょう。

英語の授業が英会話中心になったというと、何か良いことのような気になる人が多いようですが、それによって英語の授業は、頭を鍛える勉強ではなくなり、おしゃべりの仕方を身につけるものに変わったのです。

英文を読んで日本語に訳す授業は、知識や思考力を総動員して知力を鍛えることになりますが、英会話の授業は知的トレーニングにはなりません。

たとえば、リスニングの訓練で、読解力や推論力が高まり、教養が身につくでしょうか。

小中高を通した英語教育で日常英会話ができるような訓練をするとしたら、そこで行われるのはアメリカで生まれた子が幼児期までにできるようになることを身につけること（実際にはそれ以下にならざるを得ませんが）だけです。

つまり、周りの人間が皆英語しかしゃべれず、起きている間中、英語を聞いているアメリカの乳幼児とは違うのです。脳が著しい発達を見せる幼少期に、その程度の英会話力を身につけるために貴重な時間と労力を費やしてしまってよいのでしょうか。

かつての英語の授業では、英文学を読んだり、文化評論を読んだりして、その理解や訳出の過程で英語や日本語の知識を総動員し、国語で鍛えた読解力を必死に使うことで、言語能力が鍛えられました。

人間は言語で思考するわけですから、言語能力が鍛えられれば、思考力も高まります。そして、文学や評論の内容を理解することで教養も豊かになります。まさに頭を鍛え、知力を高めるための勉強になっていたのです。

だからこそ、以前は英語ができる子は、他の教科も含めて勉強ができる子だったのです。

英語学者の渡部昇一は、文科省の方針に反対する議論の中で、英語の能力は国語や理科、社会といった他の学科の能力との関連性がきわめて高いとし、それは英語教育が訳読中心だからだといいます。そして、訳読中心の英語教育こそが日本人の知力を鍛える一番有効な方法だと主張しています。

あなたの子どもが将来、外国人に道案内ができ、海外旅行で食事や観光や買い物をするのに不自由しない英会話力を身につけただけで、思考力が乏しく、知的教養がまったくなく、中身のない会話をするばかりだったら、それで英語教育が成功だったと思えるでしょうか。

そもそも、外国人に道案内したり、海外旅行で食事や観光や買い物をしたりするくらい、とくに学校で十何年もかけて勉強しなくても、ちょっと練習すればすぐにできるようになるものです。

ネイティブというだけで子どもに英語を教えているのは日本だけ？

日本人の多くは、学校で英語を長年勉強しながら外国人を前にして英会話ができないことで、英語コンプレックスをもっています。

でも、アメリカ国務省が発表している英語と日本語の距離からしても、英語母語の人が日本語を習得したり、日本語母語の人が英語を習得したりするのは、英語母語の人がフランス語やドイツ語を習得するのと比べて、はるかに難しいのです。

それに、英語をしゃべれない日本人より、日本語をしゃべれないアメリカ人の方が圧倒的に多いのに、勝手に英語コンプレックスをもってしまっているのです。

アメリカコンプレックスは、英語コンプレックスと絡まって、あらゆる言葉の横文字化やカタカナ化に表れています。いつも日本人しかいないような近所の店でも、「ＯＰＥＮ」とか「ＣＬＯＳＥＤ」といった札がかかっていたり、カタカナ英語で「スイーツ」とか「イートイン」などと書いてあったりします。日本語はダサイ、英語はカッコイイといった感受性をいつの間にか植えつけられているのです。

白人コンプレックスは、百貨店などのチラシを見ても、服を着ているモデルはなぜか白人ばかりで、化粧品売り場では、そもそも顔の構造も取り囲む文化環境も違う白人と同じ化粧が日本人に合うわけもないのに、白人モデルの顔のポスターばかりが飾られていることでも明らかです。

コンプレックスというのは、無意識のうちに人を動かすため、私たち日本人は、知らず知らずのうちに、おかしなことをしているのです。

ただし、子どもたちの将来に関わる重大な教育で、そのようなおかしなことをしてしまわないように、ここは現実に起こっていること、起こりつつあることにしっかり目を向け、どうすべきかをきちんと考える必要があります。前項で取り上げたような勘違いも、そうしたコンプレックスのなせるわざといえます。

多くの学校には英語の授業や英語活動の補助をするＡＬＴ（Assistant Language Teacher＝外国語指導助手）と呼ばれる英語ネイティブの外国人が派遣されています。アメリカでは外国人に英語を教えるには資格が必要ですが、日本は外国人に非常に甘いため、ＡＬＴは英語教育の資格も教職の資格もいらないばかりでなく、大学卒で、健康で、前科がない、という程度の条件で採用されるそうです。同時通訳の第一人者で英語教育に詳しい鳥飼玖美子《とりかいくみこ》は、ＡＬＴについて、つぎのようなエピソードを紹介しています（鳥飼玖美子『危うし！小学校英語』文春新書）。

大学で生物を専攻して卒業後にＡＬＴとして来日したアメリカ人が、「日本人は非常に寛容だ」というので、「なぜ？」と聞いたところ、「アメリカの納税者は、自分たちの税金がどのようにして公立学校の教育に使われているかを、厳しくチェックする。もしも、英語教育の専門の勉強もしていない人間が外国から突然やってきて学校で教えたりしたら、怒る。『税金を払わないぞ』と、かならず文句をつける。ところが日本人は、僕たちのことを『センセイ』と言って親切にしてくれます」といわれたそうです。

鳥飼は、「なんか、ウザクなーい？」「ちょー、キモイ」なんてしゃべっている日本人のふつうの大学生が、卒業したばかりで外国に行き、そこで日本語教師として日本語の指導をしていたら呆《あき》れるでしょうが、今、日本の学校ではそれが行われているのだと指摘しています。

英会話さえできれば、という誤った思い込み

英会話というと、日本人は勉強と同じもののように勘違いしてしまいがちですが、日本語の会話で考えてみれば、その勘違いに気づくことができるはずです。

たとえば、おしゃべりな子が勉強ができるというわけではないでしょう。日本語会話ができる、つまり友だちとペラペラおしゃべりしているからといって、「あの子は頭が良い」とか、「あの子はすごい」とか思ったりはしないはずです。

しゃべる内容が高度であったり、教養に溢れていたりするときに、「あの子は頭が良い」とか、「あの子はすごい」と思うのです。問題は話す中身です。

そうであれば、賢い子になってほしければ、英会話を習っている時間を日本語で頭を使う会話をしたり読書したりする時間にあてるべきでしょう。その方が、言語能力が発達するとともに教養も身につき、視野が広がり、頭も鍛えられ、はるかに有益なはずです。

日本青少年研究所が２０１２年に実施した「高校生の生活意識と留学に関する調査報告書」というのがあります。そこでは、日本、アメリカ、中国、韓国の高校生に留学の目的を尋ねていますが、日本の高校生は「語学の習得」が70・１％となっており、ほとんどが英語をしゃべれるようになるために留学したいというのです。

それに対して、中国の高校生の留学の目的の１位は「学位取得」で43・３％、２位は「専門技術・資格取得」で22・１％で、３位が「語学の習得」で21・８％となっていました（永井忠孝『英語の害毒』新潮新書より）。

中国の高校生の主な留学目的は、学問の中身の習得であって、英語はあくまでも学問習得のための手段にすぎないのです。英語ができるようになればいいという日本の傾向とは大違いです。

英語を使う際に大事なのは、話す中身を充実させることであり、そのために英語で書かれた文化教養的内容や学問内容を理解し吸収することであるはずなのに、なぜか日本人はそのことを忘れてしまいがちです。

英語が母語の国の人たちは、語学の習得に時間と労力を費やす必要などなく、教養的な勉強や専門的な勉強に時間と労力をつぎ込むことができます。

それに対して、日本人がこれまでのように日本語で教養的な勉強や専門的な勉強に時間と労力をつぎ込むのをやめて、英会話の習得に時間と労力を費やすようになれば、英会話はアメリカの子ども並みにはできても中身のない若者や大人ができあがってしまいます。わが子が将来そんなことになってていいのでしょうか。

前出の渡部は、『英語の早期教育・社内公用語は百害あって一利なし』（李白社）という本の中で、「いま一匹の妖怪が日本を徘徊している、英語教育という妖怪が」として、最近の風潮に警告を発しています。

ノーベル賞を受賞した田中耕一氏をはじめ、優秀な業績を上げた研究者たちは、子ども時代から英会話などにうつつを抜かすことなく、自分の感性や能力を磨いてきたから、そこまでの業績を上げることができたのです。

「田中の業績は、国際的なものであるが、それは田中が長年研究し続けた専門分野に対する評価である。もし、田中が自らの研究時間を削って、英語の学習に時間を割いていたら、そしてもし小学校の時からバイリンガルになるために英語を学習していたら、果たしてノーベル賞につながっただろうか。小学校時代に理科の実験で感動したことが、田中の研究の原点であり、ひたすら自分の興味を知的に深めていくことに専念したことがノーベル

賞につながったのである」（市川力《いちかわちから》『英語を子どもに教えるな』中公新書ラクレ）

２００８年にノーベル物理学賞を受賞した益川敏英博士も、つぎのようにやたら英語を気にする最近の風潮に疑問を投げかけています。

「最近、国はどうしてこんなに英語、英語と熱心なのかな、と不思議に思うことがあります。（中略）学問で大事なのは『遊び』の心です。教科書通りに覚えることではない。自分で問題をつくり、自分で解いて、ここまでわかるんだと感動する。そんな経験がもとになって、物理や数学が本格的に好きになっていく。自分のセンス、感覚を研ぎ澄ましていくんです。そういうトレーニング、つまり何かに憧れ、情熱を燃やす」

「若いうちから英語に追いまくられていたら、そんな時間がもてなくなりはしませんか。それで４技能（著者注：聞く、話す、読む、書く）が身についたとしても、逆に専門分野の力がおろそかになったら元も子もない。英語はあくまでも他者に何かを伝えるための道具、手段なんですから」（朝日２０１４年11月26日付）

会話ができても文章がまともに書けない学生

英語の論文が読めない学生ばかりで、従来のような英語で書かれた海外の専門書や論文を読む文献購読の授業やゼミができなくなったという声が、多くの大学で上がっています。
私もそのような経験をしました。たとえば私の場合は、本来は心理学の内容について議論する授業のはずなのに、各自が英語の文献をなかなか読みこなせないため、英文解釈の授業のようになったことがあります。

でも、問題は英語の文献を読めないなどといったレベルどころか、日本語の能力にも疑問符をつけなければならない学生が増えていることです。

前述したように、日本人にとっては日本語力を高めることが思考力を高めることにつながります。いろいろな概念が頭の中に入っている人は、ものごとをいろんな角度から検討することができますが、具体的なものの名前は知っていても抽象的な概念が乏しい人は、ものごとを深く考えるのが苦手で、非常に短絡的な考え方をします。

英会話はできても日本語の文章がまともに書けない学生がいますが、そのような学生は思考力が乏しいのです。だから日本語の文章がうまく書けない。意味ある内容の文章や説得力のある文章が書けない。いわば、日本語力がないのです。

英語力も英語母語話者《ネイティブ》のように抽象的思考に使えるわけではなく、日常会話ができる程度で、日本語力も乏しいとなったら、これは悲惨です。

日常会話は英語でも日本語でもできるとしても、どちらも思考の道具になっていないわけです。つまり、思考力が極めて乏しいことになります。

単純労働がどんどん機械化・自動化していくと、そのような人物は、ビジネスの世界でどうにも使い道がなくなってしまうでしょう。

ビジネス界にとって〝都合がいい〟人間の悲劇

外国人とのちょっとしたやりとりに使える英会話のできる即戦力がほしいというビジネス界の要望によって、日本の英語教育は実用英会話教育へと大転換し、さらにそれを強化しつつあります。これでは、言語能力を高め、知的能力を刺激するような英語教育が行えなくなってしまいます（すでにそうなっている感もありますが）。

こうした現状を憂慮する鳥飼は、

「大学を含めての学校教育は、ビジネスパーソン育成だけを念頭におくわけにはいかない。未来の公務員もいれば学者や医師、法律家、芸術家等々、多様なキャリアをめざす人材の卵を教育するのであるから、生徒や学生が将来どのような職業に就くとしても、英語が必要になった場合に、少しの努力をすれば対応できるくらいの一般的な英語（English for

General Purposes）の基礎を教育するのが学校英語の使命である。（中略）ビジネス界には、その点を十分に理解し、速効を求めて教育現場を駆り立てないでいただきたいと切望する」と述べています（鳥飼玖美子『「英語公用語」は何が問題か』角川ONEテーマ21）。

外国人とちょっとした会話ができるように練習するという今の英語教育では、基礎的な英語の読み書き能力が身につかないため、将来、知的な職業に就く道が閉ざされてしまう可能性があるのです。

外国人と仲良くしゃべれます。でも、難しい文献は読めません。難しい話も苦手です。英語で書かれた文化教養的なものも読んだことがありません。英語を訳すのは苦手です。これでは知的な仕事に適応できません。

さらにいえば、英会話にばかり力を入れていると、日本語で知的冒険をして、知的世界を自分の中につくっていくという活動が疎かになってしまいます。

日本語ペラペラでも、まったく教養のない人物がそこらじゅうにいます。英語ペラペラでも同じことなのです。

学生たちの読解力がここまで低下してきた

大学入試センター試験にリスニングが導入されたのは２００６年からですが、これで日本人の英語が変わる、しゃべれる人がどんどん増えるといわれたものです。

しかし、英文学者であり、英語教育の第一人者でもある行方昭夫《なめかたあきお》によれば、それから10年近くたっても、英語がしゃべれる若者が増えたという話はあまり聞かないどころか、リスニングテスト導入の頃から、英語を読み、書く力の低下という現象が、多くの学生に見られるようになったといいます。

学生たちの英文の読解力の低下を切実に感じている行方は、聞くための勉強に時間と精力を奪われた結果だろうと分析しています。

英語をしゃべれるようになりたいなどといってる場合じゃないはずです。読解力がなければ、知的活動はできません。ただし、いきなり英語の読解力をつけようとしても無理です。その前に日本語の読解力が必要です。

まずは日本語でいいから本を読めるようになる必要があります。今の多くの大学生は、専門書どころか、小説や評論のような、とくに難解なわけではない本さえも読めない者が多くなっています。

新書や文庫程度の本をどんなものでもいいから読むようにといっても、そんな分量の本は読めないという学生も少なくありません。雑誌の記事でさえ、文字が詰まっているから読めないといったりします。

なかには、人から来たメールでさえも、長いと読む気がしないといいます。ツイッターとかラインでのやりとり程度の短文しか読み慣れていないのだから無理もありません。

そこでわかるのは、会話は勉強じゃないということ、そして日本語でいいからちゃんと文章を読む訓練をしておくことが大事だということです。

次章で示すように、なぜ日本人の学力はとくに高く、技術開発でも科学研究でもアジアどころか世界をリードしているのでしょうか。それは、日本語でしっかりした教育が受けられ、あらゆる分野の勉強ができるからです。翻訳の充実もあり、文化教養を身につけるのも専門的研究を進めるのも、すべて生まれたときから馴染《なじ》んでいる母語でできるからです。

他の多くの国々では、英語でないと世界の文化教養を学べないし、最先端の学問を学ぶことができません。英語ができないとまともな勉強ができない環境にあるから、社会的に這《は》い上がるためには外国語である英語ができなければならないのです。

日本の場合は、翻訳文化の伝統があり、日本語で十分知識を獲得し、能力を高めることができ、社会的に這い上がることができます。ゆえに、英会話にうつつを抜かすよりも、日本語で教養を深め、専門的能力を高めることに注力すべきなのです。

「英語による英語の授業」は世界に逆行している

2013年に発表された文科省の英語教育に関する政策により、高校だけでなく、この先は中学でも「英語の授業は英語で行う」という方針が明記されました。つまり、日本語で解説せず、日本語に訳させることもせずに、英語の授業を英語のみで行うというのです。

これについて、多くの専門家が反対していますが、先の日本学術会議は、「ことばに対する能動的態度を育てる取り組み——初等中等教育における英語教育の発展のために——」（2016年）の中で、つぎのように問題点を指摘しています。

「実用重視への転換とともに導入された『英語による英語の授業』にも問題がある。英語のインプットが少なく、母語からの影響も避けられない状況で、限られた時間と空間の中で英語を使ってみても、『英会話ごっこ』に終わってしまうおそれはないか」

カナダのブリティッシュ・コロンビア大学で言語学・リテラシー教育を専門とする久保《くぼ》

田竜子《たりゅうこ》教授も、「英語は英語で教える」という方針について、「世界の言語教育研究の動向に逆行している。世界の専門家が推奨する指導方針は、母語能力を最大限活用した効率的、創造的な言語活動であり、「英語は英語で」式指導方法はガラパゴス的発想だ」(『週刊金曜日』2014年1月17日号)と批判しています。

一時期、ネイティブが母語(日本でなら日本語)を使わずに教えるのが流行ったこともあったようですが、今はそれでは効率が悪いとみなされています。それなのに、日本は日本語を使わずに英語だけで教える方向に歩み出しているのです。

それでは、なぜ日本はそんな時代遅れの方向にこれからシフトするのかと疑問を抱く人もいるでしょう。

そこには、アメリカに弱い日本の政策決定者が、英語圏の教材制作会社や検定試験業者に利益供与するために動いているとか、アメリカ国内で職を得られない者にいわゆる英語ネイティブとして日本で職を与えることで貿易収支不均衡の帳尻合わせをしようとしているとか、さまざまな利権が絡んでいるという指摘がありますが、わが子の学力を高めたいという人にとっては、それはひとまずどうでもよい問題でしょう。

日本人には、なぜかネイティブ信仰が強いのです。それは、まさに英語コンプレックス、白人コンプレックスの表れといえます。政策決定者までもがそうしたコンプレックスにとらわれているのでしょう。それゆえに、ネイティブに習い、英語だけを用いて習うのが効果的だという証拠はどこにもなく、むしろその弊害さえ指摘されているのに、ネイティブが英語だけを用いて教える方式が好ましいと思ってしまうのです。

ある大学生が、ネイティブの英語の授業について、グチをこぼしに来たことがあります。「テキストが、中学生の妹が英語の授業の副読本に使ってるのと同じなんです。大学のテキストが中学の副読本と同じなんて、バカにしてないですか。恥ずかしくて妹に見せられません」というのです。

知的能力とか知的内容とかはまったく関係なく、ネイティブの日常会話の言い回しと発音に慣れ親しめばよいといったレベルの授業が日本中で横行しています。これでは知的能力を磨く場にはなりません。

要するに、わが子の将来を日本の政策決定者に任せっぱなしにせずに、しっかり現状認識をすることが大切です。

外国人としゃべるのが苦手なのは英語力不足のせいなのか

日本人が外国人としゃべるのが苦手なのは、単に英会話が苦手だからというわけではありません。そこには、文化的に刻まれている心理的要因が深く関係しています。

たとえば、アメリカ人も、フランス人も、スペイン人も、ブラジル人も、外国人を前にしても、自分の意見を堂々と主張し、人と激しく議論ができるのに、日本人は海外の人を前にすると何も意見をいえず、議論になってもひたすら聞くばかりになってしまうといわれたりします。

でも、それは英語がペラペラであっても同じなのではないでしょうか。もっといえば、日本語の発音やアクセントがどんなに悪くても、そうした国々の人たちが日本にやってきた場合、日本語ペラペラの日本人よりも堂々と自分の意見を主張しまくるはずです。

この問題を考えるには、なぜ日本にはディベートが発達してこなかったか、その意味に想像力を働かせることが大切です。

コミュニケーションを支配している法則が文化によって違うのです。欧米人や南米人が雄弁にまくし立てるのに対して、日本人がすぐに聞き役に回ってしまうのは、文化的な心理要因によるところが大きいのです。

日本文化では、まずは相手のいうことをよく聞くことを重んじます。自分の意見をまくし立てるような人物は未熟で軽薄とみなされます。一方的な自己主張をするような人物は自分勝手で見苦しいとみなされます。

そこには心理学でいう「発達期待」が深く関係しています。このような人間に育ってほしいといった期待を発達期待といいます。

日米比較研究によれば、アメリカの子どもたちには、自信をもって自己主張する子になってほしいといった発達期待がかかっています。ゆえに、だれもが自信たっぷりに自己主張をするようになっていくのです。

それに対して、日本の子どもたちには、思いやりのある子、協調性のある子になってほしいといった発達期待がかかっています。そのため、だれもが自己主張を控えて、相手の言い分を汲み取ろうとするようになるのです。

このように、相手の気持ちや立場を尊重し自己主張を控えることをよしとする私たちの文化と、自己主張をよしとする欧米文化とでは、社会規範が正反対なのです。だから、海外の人たちとしゃべると、勢いに圧倒され、受け身になってしまうのです。英語が苦手なためではないのです。

その証拠に、日本語であっても、みんなの前で意見をいったり、議論したりするのが苦手という人が非常に多いものです。また、英語以外の母語を使っている外国人は、めちゃくちゃなまっている英語でも、堂々と自分のいいたいことをまくしたてます。結局、言語力の問題ではなく、文化的要因によるものであり、心の問題なのです。

〝会話〟のための言葉、〝知的活動〟のための言葉

このように見てくると、日本人の多くが会話ができれば外国人と対等に話せるとみなしてしまう勘違いをしていることがわかります。

その勘違いゆえに、わが子に英会話を習わせたいという親が多いのです。

英会話ができたところで英語力が上がるわけではないのは、これまで繰り返し述べてきた通りです。ところが、こと英語となると、日本人は冷静さを失ってしまいます。

発達心理学者岡本夏木《おかもとなつき》は、子どもの言語発達に関して、日常生活の言葉である「一次的言葉」と授業での言葉である「二次的言葉」を区別しています。

一次的言葉というのは、具体的なことがらについて、状況の文脈に頼りながら、親しい人と直接対話のかたちをもって展開する言語活動のことです。いわば、日常生活において

身近な人たちとの間で会話をするための言葉です。

それに対して、二次的言葉というのは、現実場面から離れた抽象的な議論にも使える言葉であり、そこには話し言葉だけでなく書き言葉も加わってきます。

言語学者ジョン・ギボンズも、言葉には遊び場言語と教室言語があるとして、この2つを区別しています。

バイリンガル教育の研究者ジム・カミンズも、会話力と学習言語力を区別しています。

これらの区別には、すべて共通の基準があります。日常生活の具体的な場面における会話で用いる言葉か、教室で授業を受けるときなどのように抽象的思考や議論をするときに用いる言葉か、ということです。

このように言語能力を日常会話能力と学習言語能力に区別する視点は重要です。

日本語を何不自由なくしゃべっていても、勉強ができない日本人、知的活動が苦手な日本人がいくらでもいることからわかるように、大事なのは学習言語能力を磨くことです。それができないと、授業についていけず、ものごとを深く考えることができない子になってしまいます。

そのことが理解できれば、幼いうちから「英会話、英会話」というような勘違いはなくなるはずです。どうも（霞が関などの）教育政策の決定者さえもが勘違いしているようです。

政策決定者は、たとえ政策が間違っていようと数年後には部署が替わっているわけだから致命的なダメージにはなりませんが、わが子を育てる場合はもっと切実です。英語能力も日本語能力も日常会話レベルにとどまり、抽象的思考の道具として駆使できるような学習言語能力にまで発達していない、などということになったら取り返しがつきません。英語どころか、日本語でも授業についていけない、難しい文章が読めない、抽象的な議論ができないということになったら、いくら外国人と簡単な英会話ができるようになったところで、勉強でも仕事でも明るい将来展望は描きにくくなります。

言語社会学者の鈴木孝夫は、英語信仰の愚かさを国民に啓蒙すべきだといいますが、まさにその通りの状況になってきています。

第2章

伸びる子ほど、英語力より日本語力！

国語力の有無がすべての勉強に影響する

繰り返し指摘しているように、母語というのはコミュニケーションの道具であると同時に、思考の道具です。このことはとくに強調したいと思います。なぜなら、このことを深く受け止めずに英会話熱に浮かれている人があまりに多いからです。

日本に生まれた日本人なら日本語でものを考えます。日本語が思考機能を担っているのです。であれば、日本語力、つまり国語力を鍛えないと思考力の乏しい子になるのは当然のことです。教科書を読んでも理解できない、授業中に先生の話を聞いていてもちんぷんかんぷんで意味がわからない、というようなことになってしまいます。

日本語で暮らしているのだから、そんなことはあり得ないと楽観している親が多いのが問題なのです。

日本語をしゃべれれば国語力があるというわけではないことは、自身の学校時代を思い出すだけで十分納得いくのではないでしょうか。日本語をペラペラしゃべっていても、国語の勉強ができる子と国語の勉強が全然できない子がいたはずです。国語力は日本語をしゃべっていれば自然に身につくというわけではないことがわかるでしょう。

今の日本の英会話熱は、明らかに異常です。

母語については、会話能力は9歳頃までに基礎が形成されますが、読解力は12歳頃までに基礎が形成されると考えられています。

その意味でも、幼児期から児童期、つまり幼稚園から小学校時代は、国語力の基礎が形成される大事な時期です。英会話熱に浮かれているうちに、気づいてみたらわが子が国語力の乏しい子になっていたということにもなりかねません。

語彙《ごい》が乏しかったり、読解力がなかったりすれば、国語の勉強ができないだけでなく、他の教科の授業を聞いていても十分理解できず、学校の勉強についていけなくなります。

英語重視から国語重視に転換し始めた中国

中国では英語重視の教育による弊害で、国語力（中国語力）の低下が問題になっており、北京では英語重視の方針を転換し、授業も大学入試も英語の比重を下げ、国語の比重を上げる方針を発表しました。２０１３年に北京の複数の一流大学が、一部の学科の入試から英語を外したそうです。

商社マンとして30年以上中国と関わり、伊藤忠商事の社長・会長を務めたあと、２０１

0年から2012年にかけて中国大使を務めた丹羽宇一郎《にわういちろう》氏も、2014年に中国の大学教授から、大学入学試験の英語の配点を下げたという話を聞いたが、これはその大学だけではない様子だったといいます。丹羽氏は、その政治的な意図にも触れていますが、ここでは純粋に教育面の問題に触れるにとどめます。

このように、中国では英語重視から国語重視への転換が行われ始めたようです。

英語を重視するには、他の科目の時間数を減らす必要があり、その結果、国語の時間が削られ、国語力の低下といった問題が生じるのです。学校の授業時間の問題だけでなく、子どもたちが英語の学習に時間を取られていたら、他の科目の勉強をしっかりやる余裕がなくなります。それは学力低下につながります。

どこの国でもそうですが、母語の語彙力が豊かであればあるほど、思考力も想像力も自在に機能します。学校の勉強をする際も、ビジネス上の課題に取り組む際も、頭の中を母語が駆けめぐります。

日本に先駆けて英語教育重視に踏み出していた中国では、母語の重要性に気づき、国語教育を強化する方向に転換し始めているのです。それにもかかわらず、中国や韓国に後れを取っているといって、日本はこれから英語教育を強化する方向に踏み出そうとしています。

なお、韓国も、つぎに紹介するように、英語教育重視の弊害に気づき始めているようです。

ものを考えない若者が増えた韓国

ちょっと考えてみればわかるように、どんな領域でも世の中で活躍している人たちは、子どもや若者時代に英会話を勉強したのではなく、数学を勉強したり、物理学に没頭したり、歴史に夢中になったり、天文に興味を抱いたり、文学や評論の魅力に取り憑《つ》かれたり、古典文学の世界に引き込まれたりと、学問そのものに触れ、それに人並み以上に取り組んでいたはずです。

それがなかったら、いくら英会話を身につけたところで、国際的に伝えるべきものなど何もありません。

日本に先駆けて１９９０年代に英語教育を小学校から導入している韓国では、国語力の低下が問題視されています。

２００４年から２００６年の全国の中学３年生の学習達成度テストの結果を見ると、英語が優秀と評価された生徒の比率は２００４年の18・６％から２００６年の20・５％に上昇したものの、国語が優秀と評価された生徒は14・1％から11・0％に低下していいます。国語の基礎力が不足していると評価された生徒の比率は2005年の4・4％から2007年の7・4％に上昇しています（朝鮮日報2008年7月13日付）。このことは思考力の低下を意味します。

私は昨年、韓国人ジャーナリストのユン・ヒイルと、あるテレビ番組で、英語教育の問題について話す機会がありましたが、韓国では英語教育を重視するあまり、「ものを考えない若者」が増え、国語力の低下が社会問題になっていると教えてくれました。

そして、韓国は英語ができるかどうかが人生を左右する社会だが、日本は国内でもやっていける社会だし、日本語しかできなくてもノーベル賞が取れる日本はすごいとし、日本は韓国の轍《てつ》を踏まないように注意すべきだともいってくれました。

2008年にノーベル物理学賞を受賞した益川敏英博士は、ストックホルム大学大講堂におけるノーベル賞記念受賞講演で、「アイアムソーリー、アイキャンノットスピークイングリッシュ」と冒頭で述べたあと、慣習に反して日本語で講演をしました。

当然のことですが、科学の研究をするには、英会話なんかより、日本語で数学や物理学を究めることが大事なわけです。このことは、べつに科学にかぎらず、あらゆる学問や仕事に通じる話でしょう。

英語教育重視の弊害が深刻化している韓国では、益川博士が留学経験がないばかりか、英会話が苦手なために国際会議に招待されても一切断り、海外に出たことは一度もなかったことが注目され、それでもノーベル賞が取れるんじゃないかと話題になったそうです。

従来の英文解釈中心の英語教育が果たしていた大きな役割

英語の授業でも、かつてのような英文解釈中心であれば、国語力が鍛えられ、知的能力も鍛えられました。

英語で書かれた小説や評論を読み、日本語に訳すことで、言語能力や想像力が鍛えられました。教養溢れる文章に触れることで、教養も豊かになり、視野も広がったはずです。

ところが、英語の授業が会話中心の実用的な訓練になったことは前述のとおりです。海外からの旅行者と会話できるように訓練する程度の授業では、思考が深まるような知的格闘はなく、国語力の向上も知的発達も期待できません。

中学・高校・大学で英語の授業を受けても、ぜんぜんしゃべれるようにならないから従来の授業は役に立たない、実用英会話にすべきだ、として大転換が行われたわけですが、そこに大きな勘違いがあったわけです。学校の授業というのは、単に実用のためだけに受けるものではなく、頭の鍛錬、知的発達の促進のために受けるものなのです。

日本語への翻訳では、とくに頭を使わなければならないため知的鍛錬になるわけですが、英文学者の行方がそのことを示す端的な例をあげています。

「I like dogs. をドイツ語、フランス語にする場合、構文はまったく変わらず単語を置き換えるだけです。しかし日本語の翻訳者は、『わたくし、犬が好きでございます』から『可愛がるなら犬だな』まで、前後関係、状況しだいで、無限の種類の日本文があります。訳者はその中からもっとも適切な一つを選ばねばなりません」（行方昭夫『英会話不要論』文春新書）

まさに想像力や言語能力が問われる知的格闘です。

本来、学校というのは、今すぐ日常生活に役立つことだけを教えるという場ではないはずです。子どもたちの心の発達を促す場でなければなりません。

数学で、方程式や微分積分、幾何学なんかを習っても日常生活に役立たないからといって、買い物の際のお釣りの受け渡しの練習や、物品発注や経理のための計算練習ばかりしていたら、知的発達が促進されません。

それと同じで、外国人との会話に直接使える言い回しや発音のハウツーを習い、リスニングの訓練をするばかりでは、英語の文学や評論を日本語に訳すときのような知的鍛錬にならず、知的発達が滞ってしまいます。国語力も向上せず、思考の道具である日本語を使いこなせるようになれません。

それにもかかわらず、英語コンプレックス、アメリカコンプレックスの強い政策決定者たちが学校教育を実用会話にシフトしてしまったばかりか、これからさらにそれに拍車がかかるのですから、わが子の知的発達を考えたら、ここは真剣に考えて、各自がわが子を公教育の劣化から守るための対策を立てるしかないのです。

「様子」を「さまこ」と読み、「虚しいって何ですか？」と訊く学生

英語どころか日本語の読解力が乏しいため、本が読めないばかりか、人の話が理解できない大学生が多くなっています。

すでに10年以上も前から、大学生の国語力の乏しさが指摘されています。２００４年にメディア教育開発センターが19大学、６短大、１国立高等専門学校の計26校の新入生を対象に日本語の語彙力調査を実施しています。２００２年に中高生約20万人に実施した結果

をもとに大学生の実力を判定したところ、中3レベル以下の学生が、国立大（3校）で6％、私立大（16校）で19％となり、短大ではなんと35％にもなったとのことです（毎日新聞2005年6月8日付）。その後も日本語力の低下はさらに進んでいると思われます。

心理検査やアンケート調査ができなくなってきたという嘆きの声を多くの大学教員から聞くようになりましたが、それは質問項目の意味がわからないという学生が増えてきたからです。私自身、テキストにある言葉（とくに専門用語ではない言葉）の意味がわからないといって質問されるだけでなく、心理検査やアンケート調査の項目の意味について質問されることもあります。

たとえば、「内向的って何ですか？」「情緒不安定って何ですか？」「引っ込み思案って、どういう意味ですか？」「気分が不安定って、どういうことですか？」「虚しいって何ですか？」などと訊《き》かれます。少し前なら、学生たちもふつうに使っていた言葉が通じなくなってきたのです。学生たちと話すと、「そんな言葉、普段使わないし」といいます。

ＳＮＳで始終友だちと言葉のやりとりをしているし、言葉を使ったり、言葉に触れたりする経験は豊富なのですが、それは友だちとの軽いおしゃべりで使う言葉に限られます。本を読まないため、読書体験で得られるはずの、豊かな表現や抽象的な概念に触れることがないのです。

「うっかり深刻なことをいったら退《ひ》かれたから、友だちとは楽しいネタ話で盛り上がるだけで、本当に気になることは話せない」といって相談に来た学生もいますが、まじめな話、複雑な話、難しい話ができず、噂話、芸能界とかのネタ話、バカ話をして盛り上がることが多いようです。

時に友だち関係とか恋愛での悩みの相談をしたりもするようですが、平易な言葉のやりとりですみます。そのため、思考を深めるための言葉を身につける機会がないのです。それが小学生でなく、大学生なのです。さすがに「虚しいって何ですか？」と訊かれたときは絶句しました。

これでは日本語の授業でさえ、まるで外国語のように意味不明で、頭を素通りしているのではないかと心配になります。

まじめに授業を聞いている学生までが、とんちんかんな質問をしてくることがあります。「何が大事かわからないので、大事なことは文字を大きくしたり、色を変えたりしてください」と要求する学生もいます。自分で考えられないのです。私は自分の頭を使って考える習慣を身につけさせるため、そうした要求には一切応じずに授業をしています。もちろん、今でも読書が好きな大学生もたくさんいますが、本を読まない大学生が圧倒的に多いというのが実態です。

新卒採用で多くの企業が最も重視するのがコミュニケーション力ですが、これは日本語のコミュニケーション力のことです。このことは、英語どころか日本語のコミュニケーションさえうまくできない若手が増えて企業が困っていることを意味します。だからこそ、コミュニケーション力のある若手が何としてもほしいと思うわけです。

そして、ついに2007年から日本語検定が行われるようになりました。企業の採用試験や研修で使われているといいます。そのようなものが必要になったということは、それだけ日本語が不自由な若者が増えてきたことの証拠といえます。

日本語ができないということは、そのまま考える力が乏しいことを意味します。

なぜ、うまく機能していないアメリカ流教育を真似したがるのか

日本の政策決定者は、何かというとアメリカの教育のやり方を日本に導入したがります。

でも、明治の開国まもない時代と違い、今や日本は学力で見ても、教育が世界でもまれなほどうまくいっており、科学技術などの実用的な成果で見ても、世界のトップクラスに

なっています。

そんな日本が、教育がうまく機能していないアメリカの教育方法を、なぜわざわざ真似しなくてはならないのか、私は常々疑問に思ってきました。日本の方こそ、自信をもってアメリカに教育方法を輸出していくべきなのではないかと。

そうした国レベルの問題は為政者に任せるとしても、子どもを育てる立場としては、うまく機能していないアメリカの教育に惑わされずに、うまくいっている日本流の教育の良さを自覚し、そこをこれ以上失わないようにしなければなりません。

まずは、学力に関して、現実のデータを見てみましょう。

ＯＥＣＤ（経済協力開発機構）が２０１２年に実施した「国際成人力調査」というのがあります。これは16歳〜65歳を対象として、24カ国・地域において、読解力、数的思考力、ＩＴを活用した問題解決能力の３分野の能力を測定したものです。

その結果、日本は読解力も数的思考力も世界1位と、きわめて優秀な成績を収めました。ＩＴを活用した問題解決能力は、コンピュータ調査を受けた者では世界1位でした。コンピュータ調査を受けなかった者も含めた場合は10位で平均並みでしたが。

このように日本は総合的に世界のトップといってよい成績を収めた一方で、英語圏を代表するアメリカは、読解力16位、数的思考力21位、ＩＴを活用した問題解決能力14位となっており、すべての分野でＯＥＣＤ加盟国全体の平均を統計的に有意に下回りました。

イギリスも、読解力13位、数的思考力17位、ＩＴを活用した問題解決能力９位となっており、数的思考力がＯＥＣＤ加盟国全体の平均を統計的に有意に下回り、他の２つは平均並みでした。

さらに、日本は読解力も数的思考力も世界で最も成績が良いわけですが、最終学歴で見ても、日本の中卒の読解力は、アメリカやドイツの高卒の成績をも上回っていたのです。

また、読解力も数的思考力も、日本はいずれの職業でもトップクラスでしたが、日本の単純作業の従事者の成績は、アメリカやドイツをはじめ多くの国のセミスキルド（ある程度熟練した）・ブルーワーカーはもとより、セミスキルド・ホワイトカラーの成績をも上回っていました。

このように日本の成人（16〜19歳も含まれる）の学力は、世界のトップといってよいほど飛び抜けて優秀であることがわかるとともに、日本は最も階層差が少なく、公教育が最も成功している国といえるのです。

つぎに15歳の生徒の学力についてみてみましょう。

（図表1）OECD　国際成人力調査（PIAAC2012）

（　）内は順位

国名	読解力	数的思考力	ITを活用した問題解決能力	
	平均得点	平均得点	レベル2・3の成人の割合	平均得点
OECD平均	273	269	34%	283
オーストラリア	280（4）	268（13）	38%（6）	289（3）
オーストリア	269（17）	275（10）	32%（13）	284（7）
カナダ	273（11）	265（14）	37%（7）	282（12）
チェコ	274（9）	276（9）	33%（12）	283（9）
デンマーク	271（14）	278（7）	39%（5）	283（8）
エストニア	276（7）	273（11）	28%（16）	278（16）
フィンランド	288（2）	282（2）	42%（2）	289（2）
フランス	262（21）	254（20）	m	m
ドイツ	270（15）	272（12）	36%（8）	283（11）
アイルランド	267（20）	256（19）	25%（18）	277（18）
イタリア	250（23）	247（22）	m	m
日本	296（1）	288（1）	35%（10）	294（1）
韓国	273（12）	263（16）	30%（15）	283（10）
オランダ	284（3）	280（4）	42%（3）	286（6）
ノルウェー	278（6）	278（6）	41%（4）	286（5）
ポーランド	267（19）	260（18）	19%（19）	275（19）
スロバキア	274（10）	276（8）	26%（17）	281（13）
スペイン	252（22）	246（23）	m	m
スウェーデン	279（5）	279（5）	44%（1）	288（4）
アメリカ	270（16）	253（21）	31%（14）	277（17）
ベルギー	275（8）	280（3）	35%（11）	281（14）
イギリス	272（13）	262（17）	35%（9）	280（15）
キプロス	269（18）	265（15）	m	m

（注）ITを活用した問題解決能力の平均得点は、PIAACのデータを元にコンピュータ調査解答者を母数として国立教育政策研究所が算出。キプロス、フランス、イタリア、スペインは、ITを活用した問題解決能力分野に参加していない（m=データが得られない）。表中の数値が同じであっても順位が異なる場合があるのは、小数点以下の差異による。なお、本表にはロシアのデータは記載されていない。

ＯＥＣＤが２０１５年に実施した「国際学習到達度調査（ＰＩＳＡ２０１５）」というのがあります。これは、15歳児を対象に、世界の72カ国・地域において、科学的リテラシー、読解力、数学的リテラシーの3分野の能力を測定したものです。

その結果、日本は、科学的リテラシー2位、読解力8位、数学的リテラシー5位となっており、いずれも上位で非常に成績優秀でした。

上位にはアジアの国々が多く食い込んでおり、英語圏を代表するアメリカは科学的リテラシー24位、読解力24位、数学的リテラシー40位となっており、科学的リテラシーと読解力はＯＥＣＤ加盟国全体の平均並みで、数学的リテラシーは平均を大きく下回りました。

イギリスも、科学的リテラシー14位、読解力22位、数学的リテラシー27位となっており、科学的リテラシーはＯＥＤＣ加盟国全体の平均を上回ったものの、読解力と数学的リテラシーは平均並みでした。

このように、成人の学力を見ても、15歳児の学力を見ても、日本はきわめて優秀であることがわかります。英語圏の中心的存在であるアメリカやイギリスは世界の平均並みだったり、平均以下だったりする事実からしても、また、日本語しかできない人もノーベル賞を取っているということからしても、日本語を使うことが頭の良さを生んでいる可能性が

（図表2）国際学習到達度調査（PISA2015）

平均得点の順位

	科学的リテラシー全体		読解力		数学的リテラシー
1	シンガポール	1	シンガポール	1	シンガポール
2	日本	2	香港	2	香港
3	エストニア	3	カナダ	3	マカオ
4	台湾	4	フィンランド	4	台湾
5	フィンランド	5	アイルランド	5	日本
6	マカオ	6	エストニア	6	北京・上海・江蘇・広東
7	カナダ	7	韓国	7	韓国
8	香港	8	日本	8	スイス
9	北京・上海・江蘇・広東	9	ノルウェー	9	エストニア
10	韓国	10	ニュージーランド	10	カナダ
11	ニュージーランド	11	ドイツ	11	オランダ
12	スロベニア	12	マカオ	12	デンマーク
13	オーストラリア	13	ポーランド	13	フィンランド
14	イギリス	14	スロベニア	14	スロベニア
15	ドイツ	15	オランダ	15	ベルギー
16	オランダ	16	オーストラリア	16	ドイツ
17	スイス	17	スウェーデン	17	ポーランド
18	アイルランド	18	デンマーク	18	アイルランド
19	ベルギー	19	フランス	19	ノルウェー
20	デンマーク	20	ベルギー	20	オーストリア
21	ポーランド	21	ポルトガル	21	ニュージーランド
22	ポルトガル	22	イギリス	22	ベトナム※
23	ノルウェー	23	台湾	23	ロシア
24	アメリカ	24	アメリカ	24	スウェーデン
25	オーストリア	25	スペイン	25	オーストラリア

（注）科学的リテラシーは、2015年調査において、コンピュータ使用型調査を実施した国のみ。※印は、2015年調査において、コンピュータ使用型調査ではなく、筆記型調査で実施した国。

高いといえます。

こうした日本語を使いこなしているメリットが、英語重視の早期教育によって失われる危険があるので、注意が必要です。

科学分野のノーベル賞受賞者が立て続けに日本から出ている秘密

日本はこのところ毎年のようにノーベル賞受賞者が出ており、とくに科学の世界においてはアジアで突出した存在になっています。アジアだけでなく、ヨーロッパの国々と比べても、日本は優位に立っています。

1901年~2016年の通算ノーベル賞受賞者を見ても日本は世界で7位と非常に健闘していますが、とくに2000年代に入ってから日本の受賞者数は驚くべき人数になっています。科学領域で見ると、通算で日本より上位にいる3位のドイツが7人、4位のフランスが7人、5位のスウェーデンが2人、6位のスイスが1人なのに対して、日本は15人と圧倒しています。

日本人が、自然科学の分野でつぎつぎにノーベル賞を取っているのは、日本語で科学をしているからだとする科学ジャーナリスト松尾義之《まつおよしゆき》は、日本の科学の良さを体現している科学者として、日本独自の生物物理学を創始した大沢文夫博士をあげています。

たとえば、大沢は、西洋の科学者が思いがけないデータを見て機械のエラーとみなすところにも、日本人は積極的な意味合いを考えようとするところがあるといいます。それによって現象のとらえ方が違ってきます。

「思想と文化は言葉によって支えられ、言葉は思想や文化の反映だけど、西欧と日本ではそれが全然違う（中略）科学は英語でやるのも日本語でやるのも違いはないと思っている人は多いけど、背後にある文化を含めて考えれば、そうとも言えない。日本語の科学もまんざらではないんですよ」（大沢文夫『飄々楽学《ひょうひょうらくがく》——新しい学問はこうして生まれつづける』白日社）

さらに、大沢は、西洋ではヒトを特別なものと考えすぎるが、日本人はヒトは特別ではないということを自然に受け入れているといいます。基本はバクテリア、ゾウリムシからヒトに至るまで段階はあっても断絶はないということも受け入れやすい。だからこそ日本の生物物理学に期待することができるというのです。

私たちは言葉でものを考えるわけですから、日本語で考えることによって英語で考える人たちとは違った発想が出てくるのは、ごく当然のことといえます。そのことを私たち日本人はもっと自覚すべきなのではないでしょうか。

最近の若い研究者があまり海外に留学しなくなっていることを文科省などでは問題視しているようですが、松尾は、その理由は日本の研究レベルが高くなり、かつてと違って留学することのメリットが薄れてしまったからだと指摘しています。

世界で最も研究者が海外に留学せず、国内に引きこもりがちな国はどこか。イギリスのネイチャー誌が行ったアンケート調査によれば、圧倒的な1位はアメリカなのです。アメリカの研究者の大半は留学経験がありません。外国に出て行く必要を感じないからです。2番目が日本なのです。

このことからもわかるように、日本ももう留学することのメリットがほとんどなくなったというわけです。

日本では、英語教育の比重を高めるのが良いことのように受け止められていますが、本章冒頭の中国の例にもあったように、アジアの国々では英語でなく現地語で教育する方向にシフトする動きが出てきています。

北海道大学の中島岳志《なかじまたけし》准教授は、インドに行って日本の大学では授業が日本語で行われているというと、インドの人たちは驚くといいます（『COURRiER Japon』

２０１１年９月号）。

インドでは、かつてイギリスの植民地だったこともあり、科学用語はすべて英語のまま受容したため、いまだに大学の授業は英語で行われています。

それに対して日本は、明治時代にあらゆる学問を翻訳によって受容してきたため、数学も物理学も、法学も経済学も、心理学も社会学も、あらゆる学問を母語で学び、研究し、議論することができるようになりました。じつは、それは英語圏以外ではきわめて稀なことなのです。

生まれたときから馴染んでいる母語で学問ができる日本人は、とても恵まれているのです。自然に身についた日常の言葉で学問ができるからこそ、水準の高い成果を出せているのです。

実際、これまで英語力の高さを誇ってきたインドでも、英語による教育を批判する声が高まっており、国民が母語で教育を受け、学問ができるようにする方向が模索されているといいます。

そうした実情をしっかり認識して、英会話などにうつつを抜かしていないで、せっかく生まれついてもつことになった日本語に磨きをかけ、日本語による発想を活かすようにしたいものです。

世界をリードする英知をつぎつぎに生み出している日本語を使えるメリットを活かせるように、国語力を鍛えることこそ、世界的に後れを取ることなくやっていくために、また世界に貢献していくために、まずもって必要なことでしょう。

日本の科学技術水準の高さは日本語のおかげ……?

近年、日本人科学者による研究の質が高いことはさまざまな分野で定評になっていますが、世界の多くの研究が英語で行われている中で、日本人が英語でなく日本語で科学や技術を展開していることが、ようやく認識され始めたと松尾はいいます。

科学知識には英語以外の言葉による表現形式が存在すること。その代表的なものが日本語の科学であること。松尾によれば、それを最初に認識したのは、ネイチャー誌の編集長ジョン・マドック氏でした。

インドもフィリピンもインドネシアも、東南アジアの国々では英語で科学教育を進めているため、英語で科学をするしかありません。なぜ日本だけは英語で科学をしなくてもよいのか。その理由として、松尾は、日本語の中に科学を自由自在に理解し創造するための用語・概念・知識・思考法までもが十二分に用意されていることを強調します。

「過去1500年以上にわたり、私たち日本人は、最初は中国文化に始まり、蘭学、そして近代西欧文明と、それまで自分たちが持っていなかった新しい知識や概念や文化を積極的に取り入れてきた。言語が違うのだから、そこには必ず翻訳という行為が存在した。（中略）そこで、新しい言葉を創造して、概念知識や思想哲学まで、きちんと吸収したのだ。だからこそ、例えば今日の科学において、自由に新しい成果を生み出す言語環境が整ったのだ」（松尾義之『日本語の科学が世界を変える』筑摩書房）

前項でも指摘したように、日本人は、他のアジアの国々と違って、西欧文明を英語のまま取り入れるのではなく、翻訳によって日本語体験の中に取り込んできました。言葉を移し替えるだけでなく、日本文化にもともとなかった概念にも新たな言葉を生み出して対応してきました。その結果、日常生活で思考の道具として使っている母語（日本語）ですべての勉強をし、科学をすることができるようになったのです。

前出のノーベル物理学賞を受賞した益川博士も、英語入試改革に関するコメントの中で、つぎのように述べています。

「ノーベル物理学賞をもらった後、招かれて旅した中国と韓国で発見がありました。彼らは『どうやったらノーベル賞が取れるか』を真剣に考えていた。国力にそう違いはないはずの日本が次々に取るのはなぜか、と。その答えが、日本語で最先端のところまで勉強できるからではないか、というのです。自国語で深く考えることができるのはすごいことだ、と。

彼らは英語のテキストに頼らざるを得ない。なまじ英語ができるから、国を出て行く研究者も後を絶たない。日本語で十分に間に合うこの国はアジアでは珍しい存在なんだ、と知ったのです」（朝日新聞２０１４年11月26日付）

しばしば指摘されるように、日本の翻訳文化は世界に誇るべきものなのに、そのことに気づいていない日本人が多いのは残念なことです。翻訳文化の充実のおかげで、日本語で学んだ技術者や研究者が、つぎつぎに新たな技術開発や発見の成果を世界に発信できるようになったのです。

日本の科学が世界をリードするまでに発展してきたのは、英語でなく母語である日本語で科学ができるということが大きいのです。英語で科学をする必要がない。幼い頃からの日常の思考の道具である母語で学問ができ、科学ができることのメリットは計り知れません。

このことを認識している養老孟司《ようろうたけし》は、日本語による科学の重要性を訴えて、英語論文の断筆宣言までしています。英語では表現しきれないこと、それゆえ英語使用者だったら気づかなかっただろうことがある。そのことに気づいている科学者も少なくないようです。

これまで日本の教育は日本語で行われてきたのに、もっと的確にいえば、日本語で行われてきたからこそ、産業界では世界の技術をリードしてきたし、研究の分野でも世界に誇る成果が相次ぎ、このところ毎年のようにノーベル賞を受賞するまでになりました。

ウチの子は将来、技術開発や研究をするようになるとも思えないし、親としてそんな欲もないし、という人もいるかもしれません。べつに大それたことをするわけでなくても、できれば学校の授業にちゃんとついていける子になってほしいはずです。そのためには日本語力を鍛えて、しっかりものを考えられるようにしてあげる必要があります。

繰り返し述べてきたように、私たちは日本語でものを考えます。思考というのは日本語で行われているのです。だったら日本語力が何よりも重要なのは自明のことなのです。

日本語の多様性が豊かな発想を生む

松尾は、量子力学の創始者であり、20世紀の物理学の世界を代表するウェルナー・ハイゼンベルクのつぎのような言葉を紹介しています。

「人間思考の歴史においては、最も実りの豊かな発展は、二つの方向を異にする思想が出会う点で起こりがちである」

「たとえば、この前の大戦以来、日本からもたらされた理論物理学への大きな科学的貢献は、極東の伝統における哲学的思想と量子論の哲学的実体の間に、なんらかの関係があることを示しているのではあるまいか」（松尾義之『日本語の科学が世界を変える』筑摩書房）

これは、まさに私が、認知的複雑性が知的発達には重要であり、それが視野を広め、新たな発想を生むと主張していることに通じるものといえます。そして、日本語への翻訳によって西欧文明を取り入れたことが、日本的な視点と西欧的な視点を融合させ、それが認知的複雑性を高めることにつながり、発想面での日本の優位性をもたらしているといえそうです。

英語が母語の国の人たちは、海外に多くの植民地をもちましたが、武力によって制圧した国々に英語を普及させることで、自分たちが支配者階級を占め、英語を使う現地人を使用人として使いやすいようにしました。そして、自分たちの言語ばかりでなく、自分たちの文化様式を押しつけました。

つまり、異文化のものの見方や考え方、慣習や制度を理解したり、取り入れたりしようという態度ではなかったわけです。これでは、いくら異文化に触れても、自分の視野は広がらず、頭の中の認知構造が複雑に分化していきません。自文化のものの見方・考え方に凝り固まったままで、硬直化していきます。

それに対して、日本の場合は、異文化のものの見方や考え方、慣習や制度をできるだけ理解しようとし、取り入れようとしてきました。その典型的な表れが日本特有の翻訳文化です。日本語がわかればほとんどの国々の本が読めるといわれるほど、日本の翻訳文化は豊かさを誇っています。

その結果、日本人は、翻訳を通して世界中のあらゆる文化の様式に触れ、それらを理解し、取り入れてきたため、頭の中にいろんなものの見方・考え方があり、多様な視点からものごとを見ることができるわけです。つまり、頭の中の認知構造が複雑に分化しているのです。

そうしたことが、日本人の学力の高さにつながっているのではないでしょうか。

世界の科学が英語で行われている中で、日本語で科学する日本発の発明や発見が数多く出ているという理由の一つに、多様性の中で新たなものが創造されやすいということがあるのでしょう。

そう考えると、英語化の方向にむやみに歩み出して多様性を失わないように気をつけることが大切なはずです。

英語だと断定的、日本語だと……使う言語で心理も変わる

意識調査の国際比較データが発表されると、海外の国々と比べて、日本人は「非常に満足」という比率が低いとか、「とても自信がある」という比率が低いなどといわれ、そこが問題だといったコメントがなされたりします。

その種のコメントを目にするたびに、日本人のデータがこうなる本当の理由をなぜ理解できないのだろうと呆れてしまいます。

たとえば、アメリカ人は、「非常に満足」「とても自信がある」などといった極端な判断をしやすいのに対して、日本人はそうした極端な判断をしにくいといった心理傾向がありますす。だからといって、客観的に比べたとしたら、アメリカ人の方が満足のいく状態である保証はないし、自信をもってよい状態である保証もないのです。

これに関連することとして、「どちらともいえない」という判断保留の回答が多いのも、

日本人にとくに見られる傾向です。

私たち日本人は、極端な反応はしにくいだけでなく、どちらとも決めがたい心理に陥りやすいのです。

多くの調査を手がけてきた統計数理学者林《はやし》知己夫《ちきお》によれば、国際比較調査では、たとえば「非常に満足」と「まあ満足」を足すと、日本と他の国で似たような比率になりますが、「非常に満足」だけを比べると日本人の回答は少なくなります。また、「どちらともいえない」「時と場合による」「いちがいにいえない」という回答が日本人には多いのですが、このような煮えきらない回答は外国では少ない。日本人は極端な表現を嫌うのです。その反対の極にあるのがアメリカ人で、非常に極端な回答を好むといいます（林知己夫『日本らしさの構造』東洋経済新報社）。

さらに興味深いことには、日本人でも、日本語で答える場合と、英語で答える場合とでは、回答傾向が違ってくるというのです。

つまり、日本人であっても、英語で答えると「中間的回答」が少なくなり、反対に「断定的回答」が多くなり、アメリカ人的な回答傾向になっているのです。

たとえば、筑波大学の学生の場合、日本語で答えたときは、「中間的回答」が58％、「断定的回答」が42％と「中間的回答」の方が多くなりました。ところが、英語で答えると、「中間的回答」が29％と大きく減少し、「断定的回答」が70％と大きく増加して、大半が「断定的回答」になったのです。

ハワイ留学中の日本人学生でも、日本語で答えたときは「中間的回答」が54％、「断定的回答」が44％なのに、英語で答えると「中間的回答」が37％と大きく減少し、「断定的回答」が60％と大きく増加しました。

さらには、ハワイ在住の日本語がわかる非日系アメリカ人学生の場合を見ても、日本人ほどではないものの、日本語で答えたときは「中間的回答」が45％、「断定的回答」が50％とほぼ半々なのに、英語で答えると「中間的回答」が30％と大きく減少し、「断定的回答」が70％と大きく増加しました。

日本語を使うと中間的回答が増え、英語を使うと断定的回答が増えるのです。言語の特質が心理にまで大きく影響することがわかります。使う言語によって考え方・感じ方まで変わってしまうのです。

そうした心理傾向にも、認知的複雑性が関係していると私は考えています。

つまり、ものごとをさまざまな視点から多面的に見ようとすると、「こうだ」「これが正しい」と決めつけることがしにくくなるものです。いったん「こうだ」と思っても、それはあまりに一面的にすぎるのではないかという気がしてきて、「待てよ」となり、迷い始めます。私もそうです。そのため意見をいう機会を逸することも多々ありました。

近頃は、日本人の優柔不断を否定的に評価し、アメリカ人のように自信をもって自己主張できるようにすべきだという論調が目立ちます。英語を用いれば、日本語を用いるときと違ってはっきりと断言しやすくなるといった意見もあります。それは、先ほど紹介した林の実験でも明らかになっています。

ただし、断言できるようになるということは、それこそ自己中心的な視点に凝り固まることを意味し、それは認知的複雑性の低下につながりかねません。

アメリカ人は、まず最初にいいたいことの結論を「こう思う」と明確に述べ、それから「なぜなら……」と理由を述べるため、主張がはっきりしてわかりやすい。それに対して日本人は、最初に結論を述べずに、ああだこうだと理由を並べるため、何をいいたいのかわかりにくい。だから、英語のディベートのやり方を学ぶ必要があるといって、学校教育にもアメリカ式の自己主張のスキルが取り入れられているようです。

でも、結論を保留にして、ああだこうだいろんな視点を持ち出すところに認知的複雑性の高さが表れているのです。

明快な自己主張の練習などは、就職して、他社との競争に勝つための訓練の中でやればいいことではないでしょうか。そんなことを学校段階でやっていたら、自分の狭い視点に凝り固まって、他の意見を取り入れることができず、視野がどんどん狭まってしまいます。若い頃にすべきことは、小手先の議論のテクニックを身につけることではなく、あらゆる角度から複眼的にものごとを見られるような柔軟な思考力を身につけたり、ものごとを深く考える力を養ったりすることのはずです。

日本人の強みを失わないために

このように見てくると、幼児期や児童期には、英会話よりも思考の道具である日本語の力をつける方が大切であること、そして日本語を使うことによって認知的複雑性が高まり、知的発達が促進される可能性があることがわかります。

後者に関していえば、自己主張を重視するアメリカ式の教育よりも、人の話をよく聞き理解することを重視する日本式の教育の方が、知的発達を促進するといえそうです。それは、前に紹介した「国際成人力調査（ＰＩＡＡＣ２０１２）」や「国際学習到達度調査（Ｐ

ＩＳＡ２０１５）」の結果を見ても明らかでしょう。

欧米文化が自分の思いや立場を明確に主張することに重きを置くのに対して、日本文化では他者の思いや立場を察することに重きを置きます。それを私は、「自己中心の文化」と「間柄の文化」として対比させてとらえています。

「自己中心の文化」とは、自分が思うことを思う存分主張すればよい、ある事柄を持ち出すかどうか、ある行動を取るかどうかは自分の意見を基準に判断すればよい、とする文化のことです。常に自分自身の気持ちや意見に従って判断することになります。

欧米の文化は、まさに「自己中心の文化」といえます。

そのような文化のもとで自己形成してきた欧米人は、何ごとに関しても他者に影響されず自分を基準に判断し、個として独立しており、他者から切り離されています。

一方、「間柄の文化」とは、一方的な自己主張で人を困らせたり嫌な思いをさせたりしてはいけない、ある事柄を持ち出すかどうか、ある行動を取るかどうかは相手の気持ちや立場を配慮して判断すべき、とする文化のことです。常に相手の気持ちや立場を配慮しながら判断することになります。

日本の文化は、まさに「間柄の文化」といえます。

そのような文化のもとで自己形成してきた私たち日本人は、何ごとに関しても自分だけを基準とするのではなく、他者の立場や気持ちを配慮して判断するのであり、個として閉じておらず、他者に対して開かれています。そのため、自分自身の心の声よりも相手の期待が気になり、できるだけそれに応えようとするのです。

このような「間柄の文化」において自己形成して育つ日本人は、相手の視点に想像力を働かせることができますが、「自己中心の文化」において自己形成して育つ欧米人は、相手の視点を取り込むのが苦手で、どうしても自分自身の視点に凝り固まりがちです。今の自分の視点を絶対視するため、視野が開かれないのです。

子ども時代からの英会話学習によって、日本人の持ち前の吸収力や想像力を失わないように気をつけなければなりません。

断固とした自己主張ができる人物ほど、かつての日本では、視野が狭く、強引で、単細胞とみなされていましたが、最近はアメリカ追従《ついじゅう》によって、「迷う心」の長所を見失っているようです。迷うということは、いろんな見方ができるということでもあるわけです。

判断を保留して、べつの見方ができないかどうか模索するから、迷うのです。

日本人は、自分の視点を絶対化できないため、自信をもって自分の意見をいうことができません。でも、それはさまざまな視点があり得ることを知っていて、多様な視点を取れることの表れであり、認知的複雑性が高いことの証拠なのです。

第3章

世界で活躍する日本人が英語より重視していたこと

英会話の早期教育を推進しようとしているのは誰か

グローバル化の時代だから、これからは日本人も英語がペラペラにならないといけない——これから社会に出て行く大学生は、そうしたメッセージに敏感です。私が大学生237名に行った調査でも、「これからは英語がしゃべれないとグローバル化の時代についていけなくなると思う」に対して、「そう思う」が64・2%、「そう思わない」が11・8%であり、そう思っている大学生が圧倒的に多いことがわかります。

「小学校低学年から英語を学ばせること」に対しても、「賛成」が69・5%、「反対」が15・3%と、賛成する大学生が圧倒的に多数です。

「自分の子どもをこれから育てるとしたら幼児期から英会話を習わせたい」に対して、「そう思う」が51・9%、「そう思わない」が23・7%で、やはり過半数が幼児期から習わせたいと思っていることがわかります。

文科省は、英語を小学校の正式教科にするというので、小さな子をもつ世の親たちは、わが子を英会話ができるようにさせなければ、といった思いをますます強めています。多くの場合、親自身が英語や英会話が苦手なため、わが子にはとにかく早いうちから英会話を習わせなければと思ってしまうようです。

ただし、第1章で注意を喚起したように、多くの英語教育専門家や言語学者は、日本で小学校から英語教育をすることには反対しています。多くの専門家が反対しているにもかかわらず、文科省は英語の早期教育を強化する方向に踏み出したわけです。

実際に子どもをもつ親としては、ここはしっかり考えて、わが子の将来を見据えた教育機会を与えるようにしたいものです。

日本人は、お上《かみ》がやることに間違いはないはず、きっといろいろ考えてのことだろう、などと思い、お任せにしてしまう傾向があります。でも、思考の手段を鍛える言語教育に関しては、お任せにするわけにはいきません。

先を見通しにくい変化の激しい社会ゆえに、政策決定者さえもが思考停止状態に陥っているようです。そこに、グローバル化に便乗する英会話業界など、さまざまな利権が絡んできます。欲望に左右されずにものごとを判断するのがいかに困難であるか、世間を騒がせる政治家や官僚の不祥事のニュースを思い出すだけでも想像できるはずです。

商魂たくましい宣伝文句に踊らされないように、根拠なく不安心理を煽る脅し文句に迷わされないように、親としても知識を増やし、認知的複雑性を高めていきましょう。そんな意識をもって、次項以降の各項目を読んでみてください。

小学校で英語を習う意味はほとんどない？

序章で説明したように、早期教育に効果があるのかといえば、たしかに効果はあります。計算を習えば、習っていない子たちはできないのに、計算ができるようになります。文字を書くことを習えば、周りの子たちは書けないのに書けるようになります。同様に、英会話を習えば、友だちがみんな英語なんてわからないのに、簡単な英会話ができるようになります。

ただし、早期教育で大切なのは、目先の効果ではなく、長い目で見て意義があるかどうかです。

私立小学校の中には、以前から英語を教えている学校もたくさんあります。それが保護者に対する売りになるからです。

でも、英文学者である行方によれば、「あの子は小学校で英語をやっていたから英語に強い」といわれるような子はめったにいないとのことです。中学で初めて英語を学びだした大多数の子どもと比べて、優位を保てる期間はせいぜい半年で、あとは同じになるといいます。

英語教育に詳しい鳥飼も、私立小中一貫校の現場では、「小学校から英語を習った内部進学生には、中学の最初の一年間で、中学入試を経てきた外部からの入学生に英語の成績が追いつかれ、追い抜かれてしまう子も結構いる」ということが、密かに、しかしよくいわれているといいます（鳥飼玖美子『危うし！小学校英語』文春新書）。

英語教育学者の白畑知彦は、国際理解教育の研究開発校の指定を受けた小学校で３年間英語学習をした子と、それ以外の小学校を卒業して英語学習をしていない子が、１年生としてほぼ同数在籍する中学を対象として、12月から翌年２月にかけて、音素《おんそ》識別能力、発音能力、発話能力の３つの英語能力についての調査を行っています。そこでは、小学校で英語学習をしていた生徒たちと、していない生徒たちの成績を比較していますが、どの能力にも統計的に有意な差は見られず、両者の英語運用能力に差がないことがわかりました（『英語教育』２００１年10月増刊号）。

このように、英語は中学受験科目にないので、外部からの入学生は英語の勉強をしてきておらず、非常に大きなハンディがあるはずなのに、半年以上も経つと追いついてしまうのです。

そうなると、小学校で英会話を習う意味はほとんどないことになります。

実際、英語教育の専門家たちによれば、外国語学習は開始年齢が早い方がいいという考え方には何の根拠もない一方で、中学校以降に開始しても高度な英語運用能力を身につけられることを示す多くの実例があるといいます。

そこで、小学校で英語を学ばせることの意義や効果に疑問をもち、危機感を抱いた慶応大学の大津由紀雄教授など大学教員を中心に、英語教育実践家も含めた50名が、「小学校での英語教科化に反対する要望書」を文部科学大臣宛に提出したのです。

そのことを念頭に置いて、子どもにどんな教育をすべきかをしっかり考える必要がありそうです。

発音の臨界期——小さいうちにLとRの発音を身につけることの功罪

英会話の早期教育を売り込むときの手段として、発達には臨界期があるという説明の仕方が用いられます。あることがらを身につけるのに適切な時期があり、その時期を過ぎると身につけるのが非常に困難になるという考え方です。そのような時期を臨界期といいます。

英語教育学者や言語学者、認知心理学者の間でいわれているのは、発音には臨界期があるけれども、言語の習得には臨界期がないということです。

発音には臨界期があり、その時期を過ぎてから英語圏に移住した場合、その後ずっと英語漬けの生活環境になっても、ネイティブのような発音にはならないそうです。しかも、ずっと英語圏にいない限り、維持するのは難しいということです。

英会話の早期教育に賛成する人の意見として、自分ができなかったLとRの発音をはっきり区別できるようにさせてあげたいというものがあります。

でも、ふつうに日本で暮らしていて、LとRの区別ができることにいったいどんな意味があるのでしょうか。たとえ外国人とのやりとりが必要になったとしても、発音が悪いことで損をするということがどれほどあるでしょうか。

LとRの発音を区別でき、あいさつ程度の英会話を流暢にこなせることと、日本語の言語構造をきちんと身につけ、しっかりした文章が書けることと、いったいどっちの方が人生にとって大切なのでしょうか。

もっといえば、言語構造がしっかりしていないということは、きちんとものを考えることができないことを意味します。

端的にいえば、英語の正確な発音をとるか、思考力のような知的発達をとるか、ということです。

１９８９年に文科省が会話を中心にやらせようとして高校に設定した「オーラル・コミュニケーション」の授業中に、受験校では従来通りに文法を教えたりしてきたといいます。文法軽視、会話中心という文科省の方針に抵抗してきたわけです。文科省による学習指導要領では、２００９年にはリーディングもなくなり、コミュニケーションのみとなりました。

なぜ、受験校では会話だけでなく、文法や訳読に力を入れているかといえば、会話はべつに勉強ではなく、文法や訳読こそが言語能力を鍛え、知的発達を促す勉強だとわかっているからです。

でも、この先、入試改革でますます英会話ばかりが重視されることになると、学校の英語の授業では、発音やリスニングの訓練に力を入れざるを得ず、知的発達を促す教育が疎かになっていく可能性があります。

教育熱心な親であれば、そこをどう補うかを考えて、幼い頃からのわが子とのやりとりに活かしていくことが必要でしょう。

外国語学習を始めるのに、最も効率のいい時期は

すでに説明したように、発達心理学や認知心理学においては、言語を生活言語と学習言語に分け、言語発達を日常会話力と学習言語力に分けてとらえます。

子どもは、生後まもない頃から母語としての生活言語を自然に身につけ、日常会話力を発達させていきますが、読み書きができるようになるにつれて、母語を思考の道具として発達させていきます。学校の授業では、この思考の道具である学習言語力を使うことになります。

そして、外国語の学習は、思考の道具としての学習言語力が確立されてからの方が効率が良いとされています。

英文学者の行方は、それを証明するものとして、カナダで言語圏をまたいで移住した子どもたちの事例をあげています。

カナダには英語圏とフランス語圏があります。英語圏からフランス語圏に移ってきた家庭の子どもたちの事情に詳しいカナダ人から行方が聞いたところによれば、小学校低学年で来た子と、高学年で来た子では、その後の言語獲得に違いがあるそうです。

低学年で来た子はフランス語を母語とする友だちとしゃべり出すのが早いものの、教室で使うフランス語はいい加減で、レポートを書くのがとくに苦手な傾向があるそうです。それに対して、高学年で来た子は、フランス語を母語とする子どもと友だちになるのに何カ月もかかるものの、まもなく教室の学習には不自由なくフランス語を使えるようになる傾向があるといいます。

ここからいえるのは、外国語を学ぶ場合、母語をきちんと使える年齢になってからの方が、結局はきちんとものにできる、ということです。

このことを裏づける調査として、トロント大学のジム・カミンズ教授と名古屋外国語大学の中島和子教授の研究がよく知られています。

それは、トロント在住の日本人小学生59名を対象にした調査で、母語の重要性を明らかにしたものです。

そこでわかったのは、母語の読み書き能力をしっかり身につけてからカナダに移住した子どもは、しばらくすると現地の子どもたち並みの読み書き能力を身につけることができるのに対して、母語をきちんと身につける前の年少時に移住した子どもは、発音はわりとすぐに習得するものの、読み書き能力がなかなか身につかなかったというのです。

学力と関係するのは、会話力や発音でなく、読み書き能力なので、教科学習をしっかり習得するだけの言語能力、つまり学習言語の習得という意味では、年少で移住するより年長（5～6年生）で移住した方が好ましいことが明らかになったのです。

年少時に移住した子どもたちは、すぐに会話はできるようになっても学習言語の習得に支障をきたし、授業についていけなくなってしまいます。

カミンズは、バイリンガルの研究において、子どもの第二言語能力は第一言語能力によって決まってくるという理論を打ち出しています。

第一言語が十分に発達していれば、その能力を利用して第二言語を習得できるけれども、まだ第一言語が十分発達しないうちに第二言語にさらされると、日常会話をするようにはなっても読み書きがきちんとできるほどには習得できないといいます。それどころか、第一言語の発達も阻害され、2つの言語ともコミュニケーションレベルにとどまり、思考の道具として使えるほどに発達しなくなるというのです。

ここで大事なのは、日常会話力と学習言語力を区別することです。

日常会話力というのは、文字どおり日常の会話をする能力ですが、第二言語で会話ができるようになったからといって、それだけでは学校の教科学習などの知的活動をスムーズに行うことができません。

そこで問われるのが学習言語力です。この学習言語力には母語の習得が大きく影響します。そのため、母語が確立する前の幼児期に移住した子どもは、第二言語で会話はできるようになっても授業についていけません。それに対して、母語が確立したあとに移住した子どもは、しばらくすると読み書きもできるようになり、授業についていけるのです。

そうなると、日本の子どもが英語を学ぶ場合、日本語の読み書き能力がしっかり確立されてからでないと、英語で日常会話はできても、読み書きを伴う知的活動になるとよくわからないということになってしまいます。

しかも、英語ばかりでなく、日本語までもが学習言語に発達し損ねたら、それこそ大変なことです。これについては、つぎの項目で取り上げます。

バイリンガルを目指したつもりが、中途半端なセミリンガルに

日本で生まれ育つ人なら、母語である日本語が身につく小学校高学年くらいから学べば、日本語が土台になって英語も上達すると専門家の間では考えられています。

それを知らない教育熱心な親が、子どもが幼稚園児なのに英語漬けにしてしまい、日本

語の土台が育たないまま、日本語も英語も中途半端になる、といったことも起こりがちです。そうなると思考の道具である言葉の発達が遅れてしまうため、学校の授業についていけなくなります。

言語学者永井忠孝は、シンガポールの例をあげています。シンガポールでは、小学校１年から授業時間の半分以上を英語と民族語（主に中国語）にあてて、算数・数学と理科も英語で教えています。その結果、どちらの言語も読み書き能力の最低水準に達しない者が多いといいます。

バイリンガルの類型でいえば、序章で紹介した「セミリンガル」が非常に多いというわけです。セミリンガルというのは、２つの言語のどちらも日常会話はできるけれど、抽象的な内容を伝達したり理解したりできないレベルを指します。

中国語と英語の両方の新聞が読めるプロフィシェント・バイリンガルの若者は、わずか13％しかいないというのです。プロフィシェント・バイリンガルというのは、２つの言語とも、高度に抽象的な内容の伝達や理解ができるレベルを指します。

15歳児（日本では高校1年生が対象）の学力を調べたＰＩＳＡ２０１５でシンガポールは非常に優秀な成績を上げているわけですが、それには高校進学率の低さや学力の二極化が関係していると見られます。高校1年生が、日本の場合と違って、とくに学力の高い層になっているのではないでしょうか。

アメリカで13年間にわたり、日本人駐在員の子どもたち対象の学習塾を運営して、日本語と英語双方の力を伸ばすために格闘し、1000人以上の子どもたちを指導してきたという市川力は、低年齢から学習を開始すれば楽に外国語を習得できるという考えに疑問を抱くようになったとし、その理由について、つぎのように説明します。

「アメリカで育った日本人駐在員の子どもたちとの関わりを通じて、英語環境の中にどっぷりつかることで、ネイティブ並みの発音で日常会話はできるようになっても、なかなか十分な読み書き能力は身につかない、母語である日本語の力を育てるのが難しい、母語喪失のリスクを負ってまで獲得した英会話の力も日本に帰国して使う機会がなければみるみるうちに失われていく、といった事例に数多く接してきた」（市川力『英語を子どもに教えるな』中公新書ラクレ）

商社マンとして国際的に活躍してきた平河総合戦略研究所代表理事の奥山篤信《おくやまあつのぶ》氏も、自身の経験について、つぎのように述べています。

「僕の三人の子供たちは、幼稚園、小学校低学年はアメリカで教育を受けた。日本語は土曜日にある日本人補習校のクラスに通っていた。

その結果、どうなったか。英語も日本語も中途半端なレベルになってしまったのだ」（『WILL』2013年9月号）

どちらの言語も、会話はできても思考の道具とならないセミリンガルになってしまったというわけです。そして、母語の習得がある程度まで進まない段階で別の言語に触れてしまうと混乱が生じ、中途半端になるという学説の正しさを身をもって実感したことから、人間の思考力の基礎をしっかり身につけるのが小学校の教育であるはずだから、小学校では日本語をきちんと教え込むべきだといいます。

日本学術会議が、「日本の展望――学術からの提言2010」の中で、「低年齢からの英語教育による日本語への干渉は避けるべきである」として、英語教育の低年齢化に反対し、日本語教育の充実を訴えているのも、そのような懸念からといえます。

英会話志向の強い親御さんと話していると、英語がしゃべれることと、英語で教養的な内容の文章を読んで理解したり、それについて論じたりできることを混同している、というか区別ができていないように感じることがあります。英語だから惑わされるのです。

日本語に当てはめて考えてみれば、すぐにわかるはずです。日本語で日常会話ができる人なら、文学や科学の文献を不自由なく読みこなし、それについて論じることができるでしょうか。

こうしてみると、日本で生まれ育つ日本人の子がバイリンガルをめざす場合は、セミリンガルになる危険性が非常に高いといえます。

各種世論調査を見ると、子どもをもつ日本の親の多くは小学校から英語を学ばせることに賛成のようですが、こうした切実な事情を身をもって経験している帰国子女を対象とした調査では、子どもが外国語を学び始めるのに適当な時期として、圧倒的多数が「母語が確立してから」と答えています。このことを重く受けとめる必要があるのではないでしょうか。

母語に支障が出ると、思考・感情・行動面にも問題が

ここで大事なのは、言語というのは、単に他者とコミュニケーションをするための道具ではないということです。英会話に安易に飛びつく人たちは、そこのところを忘れているのではないでしょうか。

個人の内面で起こっている心理現象も、もちろん言語に基づいています。私たちは、言

葉によって考え、言葉によって感じ、言葉によって行動しているのです。

たとえば、私たちは、日本語でものを考えています。今、この本を読みながらいろんなことが頭に浮かぶでしょうが、「そういえば自分にもそんなことがあったな」と過去の出来事が想起される際も日本語で想起されているはずですし、「そういわれても、自分は納得いかないいな」と反発したくなるときも日本語で反論を思い浮かべているはずです。

人から失礼なことをされて、「あんなことをするなんて許せない！」と腹を立てるときも日本語による思考が感情を刺激しているのであり、「まあ、こっちの立場や状況がわからなかったのだろうから、仕方ないな」と自分の怒りの感情を鎮めようとするときも日本語による思考が働いているのです。その結果、失礼なことをした相手に対して、怒りをぶちまけるような行動に出るかどうかは、日本語による思考で決まるわけです。

このように、私たちの心の中では、たえず母語による言語活動が行われているのです。

外国人から道を訊かれたときに教えてあげられる程度の英会話を習い、身につけたとして、このような内面の思考を英語でするようになっているでしょうか。そんなのはあり得ないことだとわかるはずです。

たえずその言語でものごとを考え続けることによって、内面の思考がその言語で行われるようになっていくのです。日常会話を習う程度で、その言語が思考の道具にまでなることはあり得ないのです。このことを重く受けとめる必要があるのではないでしょうか？

成人してからでも、ビジネス英語なら半年で何とかなる

ソフトバンクの社長室長として孫正義氏が外国人と交渉や会議をする場に立ち会い、今は自分で立ち上げた会社で外国の企業と通訳なしで取引しているという三木雄信《みきたけのぶ》氏も、もともと英会話ができたわけではなく、必要に迫られてから1年でマスターしたといいます（三木雄信『海外経験ゼロでも仕事が忙しくても「英語は1年」でマスターできる』ＰＨＰビジネス新書）。

田舎育ちで、高校生のときに都会に遊びに行ったときに初めて近くで外国人を見たくらいで、普段の生活で英語を使うようなこともなく、中学でも高校でも英語が得意だったわけでもなく、まともに英会話を勉強したのは、ソフトバンクに転職してからだそうです。

転職の際の面接で、孫社長から「英語はできるか」と聞かれて、つい「日常会話くらいなら」と答えてしまったため、海外出張に同行することになりました。

でも、じつは英語などまったくしゃべれないため、会議に同席しても何もわからない。

しゃべれないだけでなく、話されている内容も聞き取れない。孫社長は、そんな自分を見て唖然《あぜん》としている。英語ができないことが見事に露呈してしまった。これはまずい、ということで、三木氏は一念発起して英会話の勉強を集中的に行い、ビジネスで使える英会話力を1年でマスターしたというのです。

周囲には入社してから勉強して英語を使えるようになったという先輩が何人もいたのが励みになったといいます。

ビル・ゲイツのもとでマイクロソフト日本法人の社長を務めた成毛《なるけ》眞《まこと》氏は、海外赴任などで「どうしても英語を使わざるをえない状況」に追い込まれたら、だれでもそれなりの英語をしゃべるようになるといいます（モーニング編集部＆朝日新聞社編『40歳の教科書――親が子どものためにできること』講談社）。

日常会話ができるようになるには2～3年かかるが、ビジネス英語は、商品名、ビジネス用語、経済用語、業界用語あたりの単語を頭に叩き込んでおけば何とかなる、単語を拾っていくコツさえつかめれば、半年～1年で一定レベルまで行けるといいます。

また、外資系に就職するには英会話力は必須と思われがちですが、成毛氏によれば、外資系でも本当の英語力が求められるのは、本社の上層部と直接やりとりする経営陣だけで、それ以外の約97％の社員には英語力など求められない。なぜなら日本では日本人相手に商売をするために雇っているのだから、英語ができたところで意味がないというわけです。現に、マイクロソフトでも、部長クラスあたりまではみんな英語が下手だったそうです。

私の周りでも、必要に迫られて仕事をしながら英会話をやり、何とか英語でビジネスができるようになったという話をよく耳にします。まったく知らない言語を使う国にいきなり派遣されたという人たちも、みんな何とか仕事をこなせる程度にコミュニケーションが取れるようになるものです。

あの孫正義氏の英語力は意外にも……

三木氏によれば、あの孫氏がしゃべる英語もけっしてネイティブのような流暢な英語ではなく、日本語なまりが強い英語、しかも話す速度が非常にゆっくりだといいます。ふつうの大人同士の会話では1分間に160〜180語程度なのに、孫氏の場合は1分間あたり100語ほどで、これはアメリカの母親が子どもに話しかけるときの速度だそうです。

日常会話でよく使われる基本的な語彙3000語を抽出したものが「the Oxford 3000」としてウェブ上で公開されていますが、孫氏の英語のスピーチの90％以上は、この中の単語でカバーされているといいます。日本の中学・高校で習得するのが3000語程度なので、けっして難しい単語を使っているのではないようです。

そのような英語だったからこそ、ネイティブの英語がまったく聞き取れなかった頃の三木氏も、孫氏の英語は聞き取りやすかったといいます。日本語なまりがあり、一語一語区切り、ゆっくりしゃべる。語彙も豊富ではなく、難しい単語も使っていない。だから日本人にはわかりやすいのです。

それでも海外企業の大物たちや政治家を相手に一歩も引くことなく交渉し、説得することができるのです。

もうひとついえば、詳しくは第4章で紹介しますが、ビジネスで話す相手は英語がネイティブでない場合が多く、世界で最も通じるのはスリランカなまりの英語であり、日本なまりの英語も非常に通じやすく、アメリカ人の英語はあまり通じないというのが現実なのです。

ここからわかるのは、ビジネス英語で大事なのはネイティブのように流暢にしゃべることではなく、話す中身の説得力であり、言語抜きで伝わってくる迫力だということです。

私たち日本人が日本語をしゃべる外国人と話すとき、相手がたどたどしい日本語をしゃべっているからといって中身のないヤツだとバカにするようなことはないでしょう。日本語ネイティブじゃないのだから、べつに流暢でなくても、話が通じれば問題ないと思うはずです。

相手が英語ネイティブのアメリカ人の場合も、アメリカには英語がネイティブでない人間がたくさん暮らしており、アメリカ人はたどたどしい英語や、なまりの強い英語に日常的にさらされています。

だから、こっちも自分の日本語なまりや、たどたどしさを気にすることはありません。中身こそが問題なのです。

世界的アスリートたちが実証した〝英語なんて後回しでOK〟

野球選手の中でも流暢な英語を話すことで知られていた元メジャーリーガーの長谷川《はせがわ》滋利《しげとし》氏は、大学時代に親善試合でアメリカを訪れたとき、英語がまったく通じなかったのがきっかけで英会話の勉強を始めたのだそうです。

それでも強い目的意識をもって取り組むことで、とても流暢な英語をしゃべれるようになったのです。もしも子ども時代から英会話に夢中になっていたら、メジャーリーガーとして英会話を使う機会など訪れなかったでしょう。

メジャーリーガーのイチロー選手も、テニスプレイヤーの錦織圭選手も、渡米してから英語をマスターしたそうです。

必要に迫られれば、だれでも最低限必要な英会話くらいできるようになります。子ども時代には、英会話よりもしなければならないことがたくさんあるはずです。

かつての日本人は、日常会話を流暢にできないけれども、英語の授業で文学や評論に親しみ、文化的な香りを楽しみながら教養として英語を学んでいました。また、英文を日本語に訳すのに知恵を絞ることが知的鍛錬になっていました。それによって知性も教養も磨かれたのです。

最近の英語の授業は、会話中心でリスニングの訓練も多く、日常会話が適度にできるようになるかもしれませんが、文学や評論に親しむことがなく、英語を日本語にどう訳したらよいかという知的格闘をすることもないため、文化・教養的なものに無縁なだけでなく、知的能力を鍛える場にもなっていません。

文学や評論を読まずに日常会話の練習ばかりするのは、英語で流暢におしゃべりするけど野球が下手なイチロー、英語の発音やアクセントはネイティブ並みだけどテニスの下手な錦織になるのをめざすようなものです。

そんな人物にいったいどんな魅力があるのでしょうか。英会話でなく、野球やテニスの地道な練習に打ち込んできたからこそ、今のイチローや錦織の輝きがあるのです。

英会話という伝達手段にとらわれずに、伝える中身を充実させることを優先させるべきでしょう。だれもがイチロー選手や錦織選手のようにスポーツで活躍できるようになるわけではありません。それに、将来どんな方向に進んでいくことになるのかは、親はもちろんのこと、本人にもわかりません。

できることは、将来どんな人生を歩もうと、きちんとものを考えることができるように言語能力を鍛えておくことではないでしょうか。思考の道具となる言語能力を鍛えておけば、将来どんな境遇に置かれても、きちんと自分で考えながら道を切り開いていけるはずです。

第４章
これからの時代、英語が流暢な人ほど仕事に困る!?

企業は英会話力をどの程度重視しているのか

幼い頃から英会話を習わせてもあまり意味がないことや、思考力を高める上で国語力が大事だということがわかったとしても、やはりこれからの時代は英語がしゃべれないと困るのでは、といった不安は拭い去れない人も多いでしょう。

多くの人にとって気になるのは、実際に企業が英会話力をどの程度求めているのかということです。

そこで、経済産業省が2010年に実施した「大学生の「社会人観」の把握と「社会人基礎力」の認知度向上実証に関する調査」を見てみましょう。これは、全国の企業の人事採用担当者3445人と日本人学生43119人を対象にしたものです。

「社会に出て活躍するために必要だと考える能力要素」については、人事採用担当者も学生もともに、「コミュニケーション力」（企業23・1%　学生21・6%）と「人柄（明るさ・素直さ等）」（企業20・0%　学生22・6%）が突出しており、これらをとくに必要な能力とみなしていました。「語学力」は、15の能力要素のうちで、企業では13位（0・5%）、学生では12位（1・3%）となっており、企業にも学生にもほとんど重視されていませんでした。

その一方で、「自分に不足していると思う能力要素」として学生があげたのは、１位が「語学力」（16・5％）、２位が「業界に関する専門知識」（11・８％）、３位が「簿記」（10・２％）となっていました。

これに対して、「学生に不足していると思う能力要素」として企業があげたのは、１位が「主体性」（20・４％）、２位が「コミュニケーション力」（19・０％）、３位が「粘り強さ」（15・３％）となっており、「語学力」は15の能力要素中13位の０・４％でした。不足している能力に関しては、学生が「語学力」の不足をとくに気にしているのに、企業側はまったく気にしていないというように、それぞれの認識に大きなギャップが見られました。

それと同時に明らかになったのは、学生は「語学力」を筆頭に実務能力の不足を気にしているのに対して、企業側は「主体性」「コミュニケーション力」「粘り強さ」といった子ども時代を通して形成される、いわゆるＥＱ要因をとくに重視しているということです。

これは、子どもを教育していくうえで、非常に参考になるデータといえます。

つぎに、経済同友会が２０１６年に実施した「企業の採用と教育に関するアンケート調査」を見てみましょう。これは企業の人事担当者に尋ねたもので、１９７社からの回答をもとにしています。

大卒に関しては、ほとんどの企業（91・1％）が「在学中の学びを重視している」というので、「在学中のどのような学びを重視しているか」について、上位3つまでをあげてもらっています。

その結果、1位は「学外での社会活動・経験」（71・7％）、2位が「基礎的な教育」（68・2％）、3位が「専門教育・研究」（63・0％）となっており、「語学」をあげた企業は28・9％にすぎません。

また、最も重要とされた学びは、1位が「基礎的な教育」（35・3％）、2位が「専門教育・研究」（34・7％）、3位が「学外での社会活動・経験」（16・2％）となっており、「語学」をあげた企業は、わずか1・2％しかありませんでした。

学生が自分自身の語学力不足を気にしているのに対して、企業の側は語学力などまったく問題にしていないことが、ここでも明らかになっています。

仕事での英語の必要性はむしろ減少傾向？

日本人の9割に英語はいらないという、マイクロソフト日本支社の元社長の成毛氏は、海外支店に転勤になった場合か、取引相手が海外の企業でないかぎり、英語を使う場面はないと言い切ります。しかも、前章で紹介したように、自身の経験をもとに、そんなことになった場合も半年か1年で何とかなるというのです。

でも、グローバル化の時代だし、実際は英語の必要度がどんどん増しているのではないかと不安な人もいるでしょう。そこで、実証的なデータで確認してみることにしましょう。

言語社会学者の寺沢拓敬《てらさわたくのり》が、ランダムサンプリングが行われ、調査対象者に偏りのない信頼できる複数の調査データをもとに、日本で実際に英語がどれくらい使われているかを検証しています。

2002年、2003年および2008年の調査によれば、仕事で英語を「よく使う」という人は2％前後、「ときどき使う」という人は10％前後となっています。これは就労者の中での比率です。

「よく使う」人と「ときどき使う」人を合わせた比率は、2002年12・7％、2008年13・3％となっており、6年間でほとんど変化は見られません。

また、「過去1年間に仕事で少しでも英語を使った」という人の比率は、2006年21・0％、2010年16・3％となっており、むしろ統計的に有意に減少しています。

仕事で英語の必要性が高まっているといわれますが、このようなデータを見るかぎり、実際はそんなことはないようです。

楽天の三木谷浩史社長が英語の必要性がますます高まっているといって社内の英語公用化を打ち出したのが２０１０年なので、日本社会全体で見ると、それには何の根拠もなかったことがわかります。

言語学・リテラシー教育を専門とする前出の久保田竜子は、日本人のほとんどは仕事で英語を必要としないということが寺沢の論文によって統計的に証明されたとして、英語教育熱に警鐘を鳴らしています。

そして、企業に調査した結果、企業が求めているのは、英語力よりもむしろ専門性や柔軟性、そして仕事ができること、だれとでもコミュニケーションがとれることだったといいます（『週刊金曜日』２０１3年11月8日号）。

このような企業が求めるものについては、前項で紹介したデータにも通じるものといえます。最近では、英語は入社後でも十分身につくという考えが広がり、企業では仕事を進める力や人間力が重視されているというのが実態です。

それなのに「英語公用語論」などが出てきて政策が英会話重視に傾くのには、英会話業界や英語関係のテスト業界の利権が絡んでいるためであり、そういった人たちは、実生活で人々がどれだけ英語を必要とするかに関係なく、ビジネスチャンスにするために動いているのだと久保田は指摘します。ゆえに、「『英語ができなければよい仕事につけない』というのは、社会的、経済的、政治的に巧みに作り上げられた言説」（同）だというわけです。

他の専門家も同様の指摘をしていますが、英会話熱を煽ることで、英会話塾、アメリカのＴＯＥＦＬやＴＯＥＩＣを行うテスト業者、日本に行けば食うに困らないという英語ネイティブなどのビジネスチャンスを生み出しているわけで、それに乗せられた子どもや若者の将来がどうなろうと彼らには関係ないのです。

そのカモになって痛い目に遭わないように、わが子のために親は惑わされず、しっかり現実に目を向けることが大事です。

将来、英語は世界公用語ではなくなる？

英語は世界の公用語とみなされていますが、じつはアメリカでさえ英語をみんながしゃべるわけではないのです。

言語学者永井によれば、アメリカでは家庭で英語以外の言語を用いている人が２割もおり、カリフォルニア州では英語話者は人口の6割にすぎません。

そういえば、私がカリフォルニアで暮らしたときもヒスパニック系が非常に多かったのを思い出します。ヒスパニック系はスペイン語を話します。

永井によれば、ヒスパニック系移民は出生率が高いため、アメリカではスペイン語の勢力が急速に増しており、将来アメリカがスペイン語の国になる可能性もあるそうです。

このように、英語がこの先も世界の公用語の地位にとどまるとはいえません。むしろその地位から転落する可能性も高いのです。

そのあたりについて、永井の『英語の害毒』（新潮新書）を参考にもう少し見ておきましょう。

イギリスの言語学者デイヴィッド・グラッドルは、2050年には英語は唯一の国際語の地位を失い、いくつかある国際語の一つにすぎなくなっていると予測しています。

アメリカの独立調査機関、ピュー研究所の調査によれば、「今日の世界で成功するためには、子どもは英語を学ばなければならない」という考えに賛成する中国人は、2002年には92%だったのが、2008年には77%と大幅に減っています。「強くそう思う」という人の比率は、2002年の66%から2008年の33%へと半減しています。

英語の勢力は、すでに衰退し始めているのです。

ＥＵでは、すべての加盟国の言語が公用語

自分が生まれ育った土地で使われている言語、つまり母語というのは、何を考えるにも感じるにも、頭の中につぎつぎに浮かんでくる言語です。そのため、母語でやりとりするなら十分考えながら発言できるけれども、外国語となるとそうはいきません。

一方が母語を使い、他方は外国語を使って議論をしなければならないとしたら、外国語を使わなければならない人の方が絶対的に不利となります。そのような不公平は、基本的人権の侵害に当たります。

そのような観点から、ＥＵは、基本的人権を守るべく多言語主義の立場を取っています。つまり、加盟国の公用語をすべてＥＵの公用語とすることにしているのです。そのため、各国代表が集まる会議でも、すべての加盟国の言語に対応できるように通訳者・翻訳者を用意し、だれもが母語で議論できるようにしています。

このような立場から、自動翻訳機・通訳機の開発にも力を入れているようです。

バイリンガルに関する研究を見ても、２つの言語をかなり上手に話せる人でも、両方の

言語とも思考の道具にできるほど発達させていることは少なく、どちらか一方がものを考える道具になっています。

そうなると、日本語が母語の日本人が、英語が母語のアメリカ人と英語で交渉するというのは、日本人にとって相当に不利なことといえます。向こうは交渉の内容そのものに意識を集中させることができるのに、こちらは交渉内容に目を向けるだけでなく、相手の言い分を理解したり、こちらの言い分を英語でどう交渉するかを考えたりするのに頭を使わなければならないからです。

対等に交渉できるようにするには、やはり英語を共通語として使うのでなく、通訳を立てて、それぞれが母語で主張できるようにすべきでしょう。

都合のいいことには、自動翻訳・自動通訳の技術の発達により、近い将来、英語を使わずに対等に交渉できるようになると見られています。

英会話が下手でも引け目を感じる必要がない理由

日本人は英会話が下手だとか、発音が悪いなどと自嘲気味にいう日本人が多いですが、べつにそんなことに引け目を感じる必要はありません。

英会話力の国別ランキングで日本が下の方だといわれますが、上位に並ぶのは英語圏の国々とヨーロッパの国々です。

アメリカ国務省では、各国の言語を訓練するのに必要な時間の一覧を作成しています。それを見ると、英語を母語とする人が、一般的な仕事で話せ、読めるレベルに到達するのに要する時間は、フランス語、スペイン語、ポルトガル語などが６００授業時間程度、ドイツ語が７５０授業時間程度、インドネシア語、マレー語、スワヒリ語は９００授業時間程度、などとなっています。それに対して、日本語、韓国語、中国語などは２２００授業時間程度となっています。

つまり、アメリカ人が日本語を習得するには、ヨーロッパの国々の言葉を習得するのと比べて３〜４倍の時間を必要とするというのです。これは、逆にヨーロッパの人々や日本人が英語を習得する場合にも当てはまるので、英会話力のランキングで日本がヨーロッパの国々より下位になるのは当然といえます。

さらには、アジアの国々はヨーロッパの国々よりも下位になっていますが、アジアでも英会話力が高いのは、フィリピンやシンガポールなど、もともとアメリカやイギリスの植民地だった国々です。

ゆえに、日本人が英会話が下手なのは当然のことで、引け目を感じる必要はないのです。

今やビジネスで交わされる英語の大半はノンネイティブ英語

肝に銘じておきたいのは、仕事でやりとりすることの多い外国人は主にアジア人であり、英会話の相手の多くは英語が外国語の人たちだということです。だから、発音が悪くて当然だし、ネイティブをめざす必要などまったくないのです。

日本学術会議は、「ことばに対する能動的態度を育てる取り組み――初等中等教育における英語教育の発展のために――」（２０１６年）の中で、「世界中で英語を非母語として話す人は母語として話す人の約２倍なのに、母語話者の英語だけを『正しい』英語として教えるのが『実用的』なのか」と、政府の教育政策に疑問を提起しています。

鳥飼が取りまとめた同会議による「英語教育に関わる参照基準」（２０１２年）においても、つぎのような指摘があります。

「英語非母語話者との接触の際に用いられる『国際共通語としての英語』は、母語話者の規範から自由になり、むしろ文化的負荷を軽減し、相互コミュニケーションにおける『分かりやすさ』(intelligibility) を最優先したものである」

アメリカで日本人駐在員の子どもたち１０００人以上に日本語と英語の教育をしてきた市川も、求められるのは国際交流言語としての英語であり、ネイティブレベルの発音ではないといいます。

インド人は思いきりインドなまりの英語を話すし、メキシコ人はスペイン語なまりの英語、アラブ人はアラブなまりの英語を話す。アメリカで知り合ったアメリカ人で、日本なまりの英語をしゃべることを否定する人はだれもいなかった。むしろ単に流暢であることに何の価値もないといわれたことがあるといいます。

アメリカの現地校の先生をはじめ、いろいろなアメリカ人からアドバイスされたのは、「英米人以外の人々が英語を話す時に、期待されていることは、『ｆｌｕｅｎｔ（流暢）』に話すことではなくて『ｉｎｆｏｒｍａｔｉｖｅ（有益）』な内容を語ってくれるかどうかである」ということだそうです。当然のことながら、大事なのは流暢さでなく内容なのです。

科学ジャーナリストの松尾も、科学者が集まる国際会議の場で話される英語は、それぞれの国のなまりがひどいといいます。

「科学者の世界の英語というのは、実にバラエティーに富んでいる。米国人と英国人でも違うし、かつて大英帝国の植民地であったイギリス連邦に属する人々の英語は、慇懃無礼《いんぎんぶれい》な感じが強い。フランス人科学者の英語は、フランス語なまりだ。（中略）最も印象的なのはロシア語なまりで、（中略）まったく聞き取れなかった。

想像してほしいのだが、こういう世界中の科学者が、国際会議などで一堂に会して議論するのだ。もう、お化けか妖怪の集会に近い。（中略）東欧系の人やフランス系の人、そしてロシアの人が混ざり合って議論になると、『これ、何語？』という感じになる」（松尾義之『日本語の科学が世界を変える』筑摩書房）

元メジャーリーガーの長谷川滋利氏は、メジャーには中南米から来た選手も多いが、そのような連中はブロークン英語を平気でしゃべり、それを恥ずかしいとも思わないため、上達せずブロークンから脱するのが難しいといいます。

でも、彼らは野球の能力を買われているのであって、英会話の流暢さを評価されるわけではありません。

結局、国際的な場ではみんなブロークン・イングリッシュでこと足りるのです。問題は中身なのです。

多くの日本人は、強烈な英語コンプレックス、アメリカコンプレックスを無意識のうちに抱えているため、この当たり前のことを見逃しているのではないでしょうか。そんな姿勢で子どもの教育をしていたら、痛い大人にしてしまうことでしょう。

なんと日本人英語はネイティブ英語より世界で通じていた

英語は多くの国々で話されているため、インド英語、フィリピン英語など、さまざまな英語の変種、いわば方言があります。

同時通訳者の第一人者である西山千《にしやません》は、「だいたいなまりでその民族、国籍などがわかる。変な舌の巻き方に苦労してかえって聞きにくい英語を話さなくても、わかりやすい日本人なまりの英語を話した方がよい」といっています（末延岑生《すえのぶみねお》『ニホン英語は世界で通じる』平凡社新書）。

では、実際に、それぞれのなまり英語の通じやすさはどうなっているのでしょうか。

前出の言語学者永井忠孝は、いろいろな国の人の話す英語をいろいろな国の人に聞かせて、どの程度聞き取れたかを調べた研究を紹介しています。

それによれば、世界中の人に最も通じやすかったのは、前述したようにスリランカ人の英語で、話した内容の79％が通じました。反対に、最も通じにくかったのは香港人の英語で、

44％しか通じませんでした。

そして、なんと日本人の英語は75％も通じたのです。最も通じやすいスリランカとあまり変わらない数値で、調査された9カ国のうち3番目の通じやすさとなりました。恥じることはありません。日本語なまりの英語は通じやすいのです。

意外と思われるかもしれませんが、アメリカ人の英語は55％しか通じず、香港に次いで通じにくかったのです。母語だからといって流暢にしゃべられると、外国人にとってはわかりにくくなってしまうのでしょう。

英語教育学者である末延は、日本人の大学生が話すカタカナ発音の日本英語が、アメリカ人にどれだけ通じるかを試す興味深い実験をしています。

日本人大学生80名が話した英語をオレゴン州に住むアメリカ人48名に聞き取らせるという実験です。

まず最初に、52個の単語を単独で聞き取らせた場合は、理解率は41・6％でした。しかし、それらを単語として含む文中で聞き取らせると、理解率は66・8％に跳ね上がりました（末延岑生『ニホン英語は世界で通じる』平凡社新書）。

単独では何をいっているのか正確に判別できない発音であっても、文脈効果が働くため、文の中に置かれるとちゃんと聞き取れるというわけです。

日常会話でもビジネス上のやりとりでも、当然ひとつの単語だけを叫ぶのではなく、文章としてまとまりのある会話をするわけですから、何について話しているかは文脈でわかるため、発音が悪くても、単語の区切りがおかしくても、発した言葉はたいてい推測できるのです。

さらにいえば、判別できない言葉、よくわからない言葉がときどき混じっていても、全体として何をいっているかは想像がつきます。それで十分話は通じるのです。

アメリカ人作家のグレン・サリバンは、『「日本人英語」のすすめ』（講談社現代新書）という本を書いていますが、自分はアメリカ人で英語のネイティブスピーカーなのに、日本人の妻とインド旅行をした際に、自分の英語はまったく通じず、相手のいうことも理解できなかったそうです。

ところが、日本でとくに英会話の勉強をしておらず、中学から学校の英語の授業を受けただけの妻の英語は、なぜかインド人に通じ、インド人の英語も妻は理解できたというのです。

さらに、このことをヒントにして、アメリカ英語の発音をやめて、単語の発音をわざとカタカナ風にしてみると、インド人とのコミュニケーションが抜群にスムーズになり、妻に頼らないですむようになったといいます。

先ほど紹介した実験でも明らかになったように、ネイティブの英語は外国人にとっては、流暢すぎてむしろわかりにくいのです。

海外に英語の短期留学をした学生たちも、習いに来ている外国人同士の英語は聞き取れるのに、ネイティブの英語はなかなか聞き取れないとよくいいます。外国語として英語を話す場合は、一語一語区切りながらゆっくり話し、特殊な慣用句や俗語は使わず標準的で平易な表現を使うから、聞き取りやすいし、内容も理解しやすいのでしょう。

日本語で方言を恥じる必要がないのと同じく、英語でもなまりを恥じる必要などありません。ネイティブ信仰を捨てて、英語コンプレックスから脱することです。

自国流英語に自信をもつアジアの国々

日本人は、英語といえばアメリカ英語かイギリス英語を学ぶべきと思い込んでいるようです。

でも、前項で紹介した実験結果やエピソードから明らかなように、国際的にビジネスで通じる英語を身につけるという実用的な観点からすれば、これからのビジネスの相手の多くはアジアの国々になります。それを考えても、ネイティブに近い英語は逆に通じにくいし、アジア人であれば、英語が外国語である自分たちアジア人にわかりやすい英語を学ぶのが効率的ということになります。

世界各国の経済は、アジアの国々に依存せざるを得なくなっているので、これからの国際語としての英語はアジア流の英語になっていくはずです。そのことは、アジアの国々でも自覚されているようです。

たとえば、インドで会社員、教師、研究者を対象に行われた調査結果を見ると、「インドの学校・大学で教えるべき英語は」という質問に対する回答では、もともとイギリスの植民地だったこともあり、「アメリカ英語」はわずか4・0％、「イギリス英語」は33・0％となっていますが、「インド英語」が60・8％と圧倒的に高い比率になっていました（永井忠孝『英語の害毒』新潮新書、以下の各国の調査も同書）。

フィリピンで大学の英語教師を対象に行われた調査において、「フィリピン人が学ぶべき英語」は何かという質問に対する回答を見ると、「アメリカ英語」は22・9％と比率が低く、「フィリピン英語」が39・2％と最も比率が高くなりました。「フィリピン英語と英米英語」

は28・7％となっており、フィリピン英語を学ぶべきという英語教師が7割近くになったのです。

さらに、「フィリピン英語の特徴を直さないと、国際社会では通用しない」という意見に賛成したのはわずか25・3％で、反対が74・7％と4分の3を占めました。

中国の大学生と大学教員を対象に行われた調査でも、「中国は中国式の英語をもつべきだ」という意見に賛成する比率は56・5％と過半数に達し、「学校では中国人式の英語も教えるべきだ」という意見に62・6％が賛成しています。

これらに対して、日本の高校生を対象にした調査では、「日本人は日本人英語を話すべきだ」という意見に賛成なのはわずか6％にすぎず、80％が反対でした。

前項で紹介したように、日本英語は、じつはアメリカ人など英語ネイティブの英語よりも世界で通じるにもかかわらず、その価値に日本人自身が気づいていないのです。

日本人の英語習熟願望の先に待ち受けているもの

英語ペラペラのアメリカ人が、国際舞台で活躍しているわけではありません。

それは、日本人が標準語を不自由なくしゃべるからといって日本で活躍しているわけではないのと同じです。言葉が流暢にしゃべれるのは、日常生活では便利ですが、仕事ができるかどうかとは関係ありません。知的能力があるかどうかとはまったく関係ないのです。

言語学者の永井は、「英語ができる人が多いおかげで、インドには英語圏からデータ入力や電話応対のような下請け仕事が回ってくる。フィリピンの人は海外へ出稼ぎに行く。日本人には英語ができるようになった自分たちを無意識にアメリカに重ねて見る人が多いが、本当はアジアの英語圏と重ねて見るべきではないか」といい、「今の英語教育の行く先にあるのは、フィリピン化ではないだろうか？」といいます（永井忠孝『英語の害毒』新潮新書）。

日本がアジアの国であり、日本人が黄色人種であることを考えれば、日本、そして日本人が英語化していけば、そこにあるのはアメリカ化でなくフィリピン化であるのは間違いありません。

そろそろ日本人も目を覚まして、アメリカコンプレックスから抜け出し、世界の動きを冷静に見つめながら子どもの教育をしていく必要があるでしょう。

自動翻訳技術の進歩で、外国語学習は不要の時代に

序章でも少し触れましたが、自動翻訳の技術も、かなりのレベルに達しています。まだまだ未熟で使えないという人もいますが、それは相当レベルの高い要求を基準にした話であって、多くの生徒・学生が学んでいる日常会話程度なら、すでにかなりできるようになっています。

音声翻訳技術の開発もかなり進んでおり、旅行会話程度の比較的短く簡単な表現なら、すでにＴＯＥＩＣ９００点レベルに達しているといいます。これはふつうの学生やビジネスパーソンが容易に到達できるレベルではありません。

さらに、難度の高い国際会議などでの同時通訳システムも、２０２０年の実用化をめざした研究開発が進められています（『エコノミスト』２０１４年1月14日号）。

日本は機械翻訳の実用化で世界をリードしているため、とくに日本人は実用英会話の勉強をする必要はなくなるでしょう。

イスラエルの情報テクノロジーの専門家、サム・リーマン＝ウィルジグは、「翻訳という職業は事実上なくなる。まず文章の翻訳がなくなり、最終的には通訳がなくなる」とし、さらには、「それとともに、一般向けの外国語学習教材が激減する（たぶん完全になくなる）」

とまでいいます（永井忠孝『英語の害毒』新潮新書）。

さらに、イギリスの言語学者のニコラス・オスラーも、

「中期的に見ると、今世紀の半ばあるいはもっと早くに、世界共通語は不要になるだろう。言語技術（＝機械翻訳）が通訳や翻訳を引き受けるようになり、外国語学習は、専門家や物好き以外はやる必要のないことになる」

「安価なデジタル技術が行きわたった世界では、一つの言語が世界共通語の地位をになうことはないだろう。国々はそれぞれ自分の言語で話し、（機械翻訳の）グローバルネットワークを利用して自国のメッセージを他国に伝えるようになる可能性の方が大きい」

と予想します（同書）。

こうなると、英会話の勉強に時間をかける意味はまったくなくなります。日本語でしゃべれば、自動的に英語になるのです。たとえ不完全な英語であったとしても、通じればよいわけです。

それなら、英会話などに時間はかけずに、しゃべる中身の充実に時間をかける方がずっと意味があるということになります。

そう遠くない将来、英会話の習得に時間や労力をかけてきた人間と、いろんな学問や教

養の習得に時間や労力をかけてきた人間では、知識・教養にも知的能力にも大きな差ができているはずです。

第5章

ＡＩ時代、子どもに真に求められる能力とは？

ＡＩが人間には絶対に勝てないこと

小学校から英語を教えるという政府の方針や、それに便乗した英会話塾などの宣伝文句のせいで、わが子に英会話を習わせようとする親たちの英語熱が高まっていますが、それは非常に危険なことだとわかったはずです。

では、これから育つ子どもたちには、どのような能力を身につけさせるべきなのか。それを考えるにあたって、これからはＡＩの時代になるということを考慮する必要があります。

本書の冒頭で簡単に触れましたが、「ロボットは東大に入れるか」というＡＩプロジェクトの「東ロボくん」を育ててきた新井によれば、ＡＩにはできることとできないことがあるといいます。

たとえば、教科書で「織田信長」と「楽市楽座」はいつも一緒に出てくることがわかるため、選択式の問題なら正答できます。でも、「市の日はどんな天気だと人々は喜んだでしょう」と聞かれたら答えられません。基本的に言葉のパターンを見て、統計的に妥当そうな答えを見つけているにすぎません。つまり、言葉の意味を理解しているわけではないのです。

そんな「東ロボくん」なのに、高校3年生の上位2割に食い込む成績を取れるのです。

そこに今の子どもたちの問題が表れており、これから育っていく子どもたちにとっての重要な課題が見えてきます。

前述のように、新井たちの調査によれば、今の中学生の約２割は教科書の文章の主語と目的語が何かという基礎的読解ができておらず、約５割は教科書の内容を読み取れていないということがわかりました。

ここからいえるのは、ＡＩの苦手なことをできるようにすることが大事であり、意味を深く理解できるようにする教育こそが、ＡＩの時代には英会話力よりはるかに必要だということです。

そのためには、自らの体験に基づいて想像力を働かせ、未知の世界をより深くイメージできる力をつけることです。

「たとえば、何時間もアリの巣を観察する。子どもたちは、アリの様子を眺めるうち、自らの集団生活の経験も踏まえ、『役割分担』というのはこういうことなんだ、とストンと胸に落ちる。現実世界と『役割分担』という言葉がつながるのです。この実体験に基づいた論理的な推論力がないと、ＡＩを超えることはできません」（朝日新聞２０１６年11月9日付）。ゆえに、人間はリアルな実体験を積み、深く推論できる力を伸ばすことが重要だと新井はいいます。

国立研究開発法人の科学技術振興機構でAI活用プロジェクトを統括しているNTTドコモの栄藤稔《えとうみのる》は、AIは水を見せると「水」という名前だとは判断するものの、それが「流れる」「飲める」といったことは理解していないといいます（朝日新聞2016年11月9日付）。そうしたことを理解できるようになるには、やはり実体験が必要になるわけです。

そのためにも、幼年時代には自然体験をすること、自然の中で思いきり遊ぶことが大切といえます。それによって自発性が身につくばかりでなく、言葉や概念を実体験に結びつけて理解できるようになり、言語能力や感性が磨かれます。かつての子どもたちが自然に体験していたようなことが、じつはとても意味のあることだったのです。

自然体験のみならず、人間関係を豊富に経験することも大切です。それによって人の気持ちに対する共感力や洞察力が身につき、それが対人関係だけでなく文章の意味の読解力にもつながっていきます。

10〜20年後に生き残る職業、なくなる職業

アメリカでは、すでに1990年代に情報技術の導入がもたらす技術的失業が懸念され、

そうした技術の発達に反対する「ネオ・ラッダイト運動」が起こっています。科学者やエンジニアに爆弾を送りつける者も出てきました。

その犯人は、もともとはカリフォルニア大学バークレー校の教員をしていた数学者で、現在は刑務所に服役中だといいます。１９９５年に『ニューヨーク・タイムズ』と『ワシントン・ポスト』に掲載された犯行声明文の中に、つぎのような文章があります。

「機械はどんどん単純作業をとって代わるようになるだろうから、下級労働者は失業していく（この問題はすでに起こっている。知能的あるいは心理的な理由から、現在の社会システムの中で有能であるためのトレーニングレベルを習得することができない人々は、仕事を探すのが非常に困難か、あるいは不可能である）」（「タイム」誌編集記者著　田村明子訳『ユナボマー　爆弾魔の狂気―ＦＢＩ史上最長十八年間、全米を恐怖に陥れた男』ベストセラーズ）

日本でも、先の「東ロボくん」研究推進者の新井が、２０１０年に『コンピュータが仕事を奪う』（日本経済新聞出版社）を刊行し、技術的失業について警鐘を鳴らしています。そこでは、２０３０年には現在のホワイトカラーの仕事の半分がＡＩに置き換えられると予想しています。わずか7年前ですが、当時は真に受ける人が少なかったのか、書店では

SFの棚に置かれてしまったそうです。

この予想は、その後2013年にオックスフォード大学の研究グループが10～20年後にアメリカの雇用者が従事している仕事の47％が機械に代替されるとした予測とピッタリ一致するものとなっています。

2015年には、野村総合研究所がオックスフォード大学のオズボーンとフレイとの共同研究で、10～20年後に日本の労働人口の約49％が就いている職業が人工知能やロボット等で代替可能になるという推計結果を発表しています（野村総合研究所　ニュースリリース　2015年12月2日）。

特別の知識・スキルが求められない職業や、データの分析や秩序的・体系的操作が求められる職業については、人工知能等で代替できる可能性が高いことが確認されたのです。

この研究では直接触れられていませんが、前章で紹介したように、情報テクノロジーの専門家や言語学者が、機械翻訳の実用化により、翻訳や通訳といった職業がなくなり、外国語学習教材もなくなり、外国語学習は特別な専門家以外には必要なくなると予測しています。

その一方で、芸術、歴史学・考古学、哲学・神学など抽象的な概念を整理・創出するための知識が要求される職業、他者との協調や他者の理解、説得、ネゴシエーション、サービス志向性が求められる職業は、人工知能等での代替は難しいとみなされました。

オックスフォード大学の研究グループにより、今後も残る確率の高い職業として、医師、情報システム管理者、教師、服飾デザイナー、人事・販売管理者、作家、弁護士、心理学者、旅行ガイドなどがあげられています（日本経済新聞２０１５年9月7日付）。

ＡＩは、膨大なデータをもとに確率論から答えを出すのであって、言葉の意味を理解して答えを出しているわけではありません。ＡＩが苦手な能力こそ、これからの人間に必要な能力だということからすれば、意味の理解が要求される仕事は人間に残されることになります。

人工知能が数学の問題を解いたとしても、雑談につきあってくれたとしても、白血病を言い当てたとしても、意味はわかっていません。逆にいえば、意味を理解しなくてもできる仕事は、遠からずＡＩに奪われるでしょう。そうしたことを踏まえて、新井はつぎのように呼びかけます。

「みなさんは、どうか『意味』を理解する人になってください。それが『ロボットは東大に入れるか』を通じてわかった、ＡＩによって不幸にならない唯一の道だから」（朝日新聞２０１６年11月25日付）

子どもがこれから伸ばすべき能力が見えてきた

ＡＩが得意なのは、仕事でもゲームでも、手順が明確に定義される作業、ルールが明確な作業です。

そこから、金沢工業大学虎ノ門大学院の三谷宏治《みたにこうじ》教授は、経理や会計の仕事は、法律や会計基準といったルールに従うことが重視されるため、いずれＡＩに取って代わられるだろうとみなします。診断や手術も自動化されることで、外科医も仕事を失うかもしれないといいます。

しかし、新しい病原体や治療法を発見するのは人間の仕事として残されるので、研究者は今以上に必要となるだろうし、対面のコミュニケーションは人間の方が得意なため、対面コミュニケーションが必要な仕事は引く手あまたになるだろうとのことです。

産業技術総合研究所人工知能研究センター長の辻井潤一は、ＡＩは縦型の一業態に限られた情報を活用することに長《た》けていますが、異なる複数の業種の情報を統合して考えるのは人間の方が得意であることから、ホワイトカラーでも、事業を構想したり、総合的な判断をする仕事は必要性が高まると見ます。

また、ＡＩは目的が明確な仕事は得意ですが、価値観が絡んでくると、いくつかの価値観を摺《す》り合わせて目標設定するということができないので、そこは人間の役割として残されると見られています。

そうした全体を見て総合的判断をする能力は、ＡＩには簡単に代替されません。そこで必要となるのは、ものごとを幅広く見る視野の広さや、離れたものを結びつける発想力、いわゆるゼネラリスト的能力です。スペシャリストでは、熟練工のようなトップ層は生き残るといいます。

このようなＡＩの特性を考えると、これから大切になるのは、対面のコミュニケーション力、発想力、創造力、総合的判断力、視野の広さ、直観力、共感力など、ＡＩには容易に代替されない能力を鍛えておくことです。

日本人がとくに強みを発揮できる分野

ＡＩが苦手とする仕事として、創造性を要する仕事やマネジメントのような総合的判断力を要する仕事と並んで、対面のコミュニケーションでとくに発揮される「おもてなしの心」を要する仕事があります。

この「おもてなしの心」は、まさに私たち日本人が得意とするところです。きめ細かな情緒を感じ取り、共感力を発揮して相手をもてなすのは日本人以外は苦手なため、日本を訪れる外国人から評価されるのです。他の国でもふつうにできるようであれば、「おもてなしの心」が日本の売りになったりはしないはずです。

その意味では、ＡＩが苦手とする能力の中でも、「おもてなし」はとくに日本人が強みを発揮する上で重要な意味をもつ能力といえます。

北陸先端科学技術大学院大学の飯田弘之教授は、「接待する将棋ソフト」の開発を試みているそうです（羽生善治『人工知能の核心』ＮＨＫ出版新書）。

ＡＩ研究でふつうめざされているのは、プロ棋士をも負かすような強い将棋ソフトの開発ですが、飯田は一生懸命に人間の相手をし、気持ちを慮《おもんぱか》り、相手に気づかれないように棋力を調整し、接戦の末に投了して、人間に勝ちを譲る。そんな「接待」的な将棋ができるソフトの開発をめざしています。

ただし、もう10年以上も研究を続けているのに、なかなか難しいといいます。「接待する将棋ソフト」の開発が難しい理由は、「接待」というのが人間ならではの行動だという点にあるようです。

本当は勝てるのに、その力量差がばれないように接戦を楽しませながら負ける。これは、たしかに人間ならではの、というよりも人間であっても難しい、非常に高等なテクニックといえるでしょう。

人間がそのような行動を取る際には、相手の様子からその実力を推測し、相手の気持ちをも察しつつ、相手が楽しめるように自分の指し手を調整することになります。まさに日本的な気配りが求められるのです。

ＡＩ時代に求められる能力は、まさに日本的な能力

人工知能と創造性の関係について、イギリスの人工知能研究者でコンピュータゲームデザイナーのデビス・ハサビスは、「音楽というのは数学的な処理がしやすい分野であり、そこがバッハ風、モーツァルト風などの作曲ソフトを作りやすい理由ではないか」といいます。

そこから羽生善治氏は、逆にいうと、数値化が難しい言語のような分野は、人工知能が発展しづらいのかもしれないと見ます。これは、人工知能「東ロボくん」の開発に携わった新井の見解と重なります。

日本語の分析ソフトも高度化していますが、文章全体の内容を文法的にとらえても、解釈の問題があります。一つの文章にも多くの解釈があり得ます。それに加えて日本語では、主語が省略されたり、直接的に表現せずに行間を読んで言外の意図を探らねばならなかったりします。羽生氏もいうように、これは人工知能にとって大きな難題でしょう。

しかも、このような日本語表現を常用しながら人格形成が行われている私たち日本人は、人工知能がとくに苦手とする、数値化しにくいだけでなく言語化もしにくい気配りと共感の世界を日常的に生きています。

そこがおもてなしの心につながっているのです。

要求があればはっきり言葉に出して要求するため、相手のとくに言葉にならない心の動きにまで配慮する習慣のない海外の人たちにとって、言葉で要求しなくても気づかってくれるのが新鮮なのでしょう。もちろん、それが鬱陶《うっとう》しく感じられることもあるでしょうけど、感動を呼ぶこともあるわけです。

それは日本語を使いこなしてこそ養われる

共感、気配り、思いやりといった能力は、まさに相手の気持ちや立場を思いやる日本の「間柄の文化」においてキーワードとなるものです。

そして、これらは日本的な人間関係と日本語を通して培われる性質といえます。

たとえば、卑近な例を出すと、日本では子どもができると、お互いのことを「お父さん」「お母さん」とか、「パパ」「ママ」などと呼び合う夫婦が多く見られます。欧米なら、もしも夫が妻からそんなふうに呼ばれたら、「オレは君の父親じゃない。頭、大丈夫か？」と妻の精神状態を心配するのではないでしょうか。でも、日本人にとっては何の違和感もありません。

それは、子どもができたからには、子どもを中心にして、夫は子どもにとっての父親だからということで、妻は夫を「お父さん」とか「パパ」と呼ぶのです。自分にとっての「夫」であるという視点より、子どもにとっての「父親」であるという視点を取るのです。

このような日本語使用には、「自己中心の文化」のように自分の視点から言葉を使うのではなく、相手の視点に想像力を働かせながら言葉を使うという、文化に根ざした心の習慣が表れています。

そのように、相手の視点に立ってものごとを見ることが習慣化することで、相手の気持ちや立場に対する共感性が養われます。

ゆえに、子どもに幼い頃から「英会話、英会話」などといってないで、まずは日本語を習熟させることです。

それが、これからのＡＩ時代に強みをつくるという意味でも、ＥＱの土台を築くという意味でも、さらには思考の道具としての学習言語力を高めるという意味でも、とても大事になります。

文科省の「これからの学力観」を盲信してはいけない理由

ここまで紹介してきたように、「東ロボくん」のプロジェクトにより、文章の意味の読解ができないＡＩに８割の高校生が負けてしまったことに疑問をもった新井は、今の中高生が教科書の意味を理解していないことを発見したわけですが、このことのもつ意味を政策者がまだ十分理解していないように思われます。

新井も、つぎのように警鐘を鳴らしています。

「このままではまずいという世論の醸成が不可欠です。今、世の中は英語教育とプログラミング教育を進めようという流れですが、日本語も読めないのに英語を学ぶ意味がありますか。日本語も読めないのにプログラミングができますか。そのことをまだ、だれも考え

ていません」（『週刊新潮』２０１７年2月2日号）

これは、まさに私自身が日頃大学生たちと接していて感じるところと重なるものです。

文科省の方針をもとに、これからは子どもたちに英会話とプログラミングを学ばせることが大事だとする論調に接するたびに抱く違和感も、そこにあります。

幼児期から児童期は、日本語をものを考える道具として発達させるために、とても重要な時期です。しっかり国語力をつけさせてあげないと、どんなに学校の教科書を読んでも、先生の説明を聞いても、ちゃんと理解できない子になってしまいます。そんな言語能力では、いくら英語を勉強したところで、専門的な内容が理解できるようになるわけがありません。

子育て中の人、これから子どもを育てる人は、惑わされないように、自分の頭でしっかり考えてほしいと思います。

文科省は、自分たちが打ち出した教育指針の問題点が表面化した場合は、方針を転換すればよいだけだし、「ゆとり教育」についてもそうした動きがありました。でも、その間に教育を受けて育ってしまった子どもや若者は、もうやり直しがきかないのです。

「『ゆとり、ゆとり』って、まるで使えない失敗作みたいにいうけど、僕たちをこんなふうにしたのは大人たちじゃないか」などと不満や怒りを顕《あら》わにする若者たちと話す機会もありました。けっして失敗作だとは思いませんし、これからまだまだ変わっていける可能性もあるでしょうけど、不満をいいたくなる気持ちはよくわかります。

今のような変動の激しい時代には、とくに小さい頃からの教育については、親が責任をもって考える必要があるでしょう。

それでも英語力を身につけるなら、どう学ぶといいか

これまで見てきたように、幼い頃から英会話を習わせるような早期教育は、まったく必要がないどころか、むしろ知的発達を阻害する可能性が高いことがわかっていただけたと思います。

それでも、多くの英語教育の専門家の反対にもかかわらず、英語を小学校から正規の科目として教えることが決まり、2020年の大学入試改革で英会話を重視することが決まってしまいました。そうした動きを先取りした塾業界が、ここが稼ぎどころとばかりに攻勢をかけており、そうした宣伝文句を耳にする親としては、焦りを感じざるを得ないでしょう。

　このような情勢の中で私がいいたいのは、次の5点です。

　第1に、文科省が英会話を重視する教育を推進するわけだから、放っておいても小学校・中学・高校で英会話を嫌というほど経験します。したがって、せめて学校以外の場では、英会話のような英語圏の幼児がやっているような遊びでなく、知的能力を鍛える勉強をさせることが大事になってきます。とくに小さい頃は読書習慣をつけさせ、日本語力を磨き、思考の道具を手に入れさせることが大切です。その具体的方法については、あとの項目で示しましょう。

　第2に、英会話のような実用的なものは、必要に迫られれば知的能力とは関係なくだれでも身につけられます。受験で必要な場合は、大学受験なら高校3年で、高校受験なら中学3年で、先生のアドバイスを仰ぎながら訓練すれば足りるでしょう。受験対策をしてくれない学校の場合は、そのときに限って、塾に通えばいいでしょう。

　第3に、中学や高校では、いくら将来の受験で英会話が重視されるからといって、リスニングやスピーキングのような実用的訓練ばかりでなく、英語の読み書きの勉強に力を入れるべきでしょう。英語を適切な日本語に訳し、日本語を適切な英語に訳すといった勉強により、言語能力が鍛えられ、思考の道具としての日本語力が磨かれます。さらに読書との相乗効果があれば、頭の中に豊かな言語空間が構築され、思考力や想像力が高まります。

第4に、教育行政により、教育内容や受験制度がこれまでもコロコロ変わってきました。現在推進されている英会話重視の教育改革も、英語教育専門家や学術会議などの反対や危惧にもかかわらず進められているので、今は小さい子が大学受験をする頃には揺り戻しが起こり、変わっているかもしれません。もちろん、そのまま推進されていることもあり得ます。いずれにしても、そのようなものに振り回されず、本当の学力をつけることを重視すべきでしょう。そのためにも、第1点や第3点で指摘したことを頭に留めておいていただきたいと思います。

第5に、序章で人生の成功を大きく左右するEQの大切さについて触れましたが、EQを伸ばすには幼いときの経験が重要になります。具体的なEQの高め方についてはあとの項目で示しますが、EQがしっかり高まっていれば、親が英語の勉強をどのようにさせたらよいのかなどと悩む必要はなく、受験で必要になる頃には本人が自分で必要な勉強をするようになります。EQの高い子は、自己コントロールができるので、親にいわれなくても自分で必要なことを判断してちゃんとやっていきます。だから、将来子どもに英語をどう勉強させたらいいんだろうなどと思い悩むよりも、EQを高めることを考えるべきでしょう。

「聞く力」を養うことが視野の広い子を育てる

言語使用は心のあり方までも規定します。

海外にしょっちゅう行っている人がしばしば口にするのは、海外に行って英語でしゃべると攻撃的になり、日本に戻って日本語でしゃべると穏やかになり遠慮深くなる、ということです。同じ人物でも、使う言語によって心のあり方が違ってくるのです。

これは、まさに言語社会学者の鈴木孝夫のいう「タタミゼ効果」です。日本語を使うことで日本的な心になっていくことを、鈴木は「タタミゼ効果」と名づけています。

日本との戦争中にアメリカ陸軍日本語学校で日本語を学び、終戦後に日本に駐留した社会人類学者ハーバート・パッシンは、心理言語学を試みた著書の中で、自分は若い頃から多くの言語を習得してきたが、異なった言葉を使うと自分が違う人間になることを自覚してきたといいます。

「自分の使える言葉をあれこれ使い分けていると、そのたびに自分というものの異なった面が出るのに気づいたわけである。

スペイン語を話すときの私は、力強く、独断的かつ情熱的になる。フランス語を使っていると論理に節目をつけたがり、理屈っぽくなる。そして日本語を使う場合には、微妙な遠回しの考えをするようになる。使う言葉によって、からだも筋肉も異なった状態になるのが、はっきりとわかる」（ハーバート・パッシン著　徳岡孝夫訳『英語化する日本社会』サイマル出版会）

そのことからも、日本語を用いることで、認知的複雑性が増すのではないかと、私は考えています。

欧米に留学した学生たちがよく口にするのは、向こうの人は「絶対に自分の意見を譲らない」「人の意見に日本人のように耳を傾けてくれない」「自己主張が激しく、絶対に自分が正しいと思っていて、こっちの言い分が入っていかない」「反対意見をはねつける」というようなことです。つまり、自分の意見が絶対に正しいと信じ込み、人の意見に対して心を開かないといった傾向です。フランスもそうですが、英語圏に留学した人間がそのようにいうのをよく耳にします。

教育心理学者の東洋《あずまひろし》は、日米共同研究の中で、日米の思考習慣の違いによるスレ違いが生じたときのエピソードを紹介しています。日本人の感覚では、議論の際に、いきなり反対するのは非礼になるので、まずはうなずきながらよく聞いて、相手の言い分をよく消化しようとします。そうするとアメリカ人はこちらが賛成していると思ってしまうわけです。

このことに関連して、東との雑談の中で、アメリカの社会心理学者ヘイゼル・マーカスが、つぎのように説明しました。

「アメリカ人は人の話を聞くときに頭の中を自分の考えでいっぱいにして聞くが、日本人はブランクな空間をつくって聞く」（東洋『日本人のしつけと教育』東京大学出版会）

このように「まずは相手の意見をしっかり聞いてみよう、その言い分を理解しよう」という日本的な態度は、自分の中にいろんな考え方を取り込むという意味で、認知的複雑性を高めることにつながると考えられます。いろんな視点を取り入れることで、多様な視点からものごとを見ることができるようになるのです。

そうすると、あるひとつの視点から「これが正しい意見だ」「これが正解だ」と自信をもって主張することがしにくくなります。ある視点から意見を主張しようとすると、

「待てよ、べつの見方もできるかもしれないな」

「いや、例外もありそうだな」

「これでは、こういったケースは説明できないな」

などと、べつの視点が浮上し、自分の意見に自信がなくなります。

多くの視点を取り入れることで、多様な見方ができるようになり、たえず自分の視点を相対化する姿勢が身につくのです。そのため、人の視点にも想像力が働き、人の意見も「なるほど」と共感できるようになるわけです。

日本人に断定的にものを考えない傾向があるのは、認知的複雑性の高さが関係していると考えられます。そして、そうした心理傾向は、断定しない日本語使用によって養われます。

多様なものの見方が頭に浮かべば、自分が思いついた考えに絶対的な自信がもてるはずがありません。日本人のはっきり意見をいえない傾向は、けっして情けないことなのではなく、人の意見も理解できる、異質な文化の見方も頭ごなしに否定せずに耳を傾けるという意味で、異文化間の相互理解に適した開かれた心と見ることができます。

アメリカ仕込みの自己主張の激しい人物を見て、認知的複雑性の低い人は、

「あんなに自信がもてるなんてすごいな」

「自分もあんなふうにきっぱりと自己主張できるようになりたい」

と憧れたりしますが、認知的複雑性の高い人は、

「なんであんなに断定できるんだろう」

「ものすごく単細胞な人だなあ」

と呆れることになります。

言語は思考様式と密接に結びついているのです。

最近の教育現場では、自分の考えを述べることが強調されています。もちろん自分の意見をしっかり述べられるようになることも大事でしょうが、あまり早くに自分の意見に凝り固まってしまうと、視野の狭い人間になってしまいます。

私は、小学生や中学生のうちは、いろんな世界に触れ、いろんな考えに触れて、多様な視点を取り込んでいくことが大切だと考えます。自分の意見というのは、その後に現実の状況に巻き込まれているうちに形をとっていくものです。

多様な視点を取り込まないうちに自分の意見にとらわれてしまうと、非常に幅の狭い、偏見に満ちた人間になっていきます。その意味では、私は、小中学生どころか、高校生になっても、大学生になっても、早急に自分の意見などまとめようとせずに、判断保留の開かれた心で、さまざまなものの見方を吸収していくことが大切だと思います。その方が、いざ自分の考えをまとめようというときに、広い視野からものごとを見られるようになるはずです。

人生の成功のカギを握るのは、IQよりEQ

すでに述べたように、これからのＡＩ時代には、共感や気配り、思いやりの心を育てていく必要があります。これはまさにＥＱ（Emotional Intelligence Quotient＝心の知能指数）を高めていくということです。

序章でも述べたように、ＩＱというのは遺伝規定性が強い、つまり遺伝によって決定されている部分が大きいため、教育や本人の努力ではどうにもならない面が強いということが、心理学の研究で示されています。

もちろん知的刺激を与えることでＩＱの発達を促すことができます。ここでいっているのは、遺伝によるもって生まれた素質を無視はできないという意味です。

しかし、ＩＱの高い人が必ずしも社会的に成功するとは限りません。ＩＱが平均並みの人が大成功したりすることもよくあります。それはなぜなのか？　こうした疑問から、人生の成功には、もっと別の要因が大きく関わっているとして、アメリカの心理学者ゴールマンがたどりついたのがＥＱです。

遺伝規定性が強いＩＱに対して、ＥＱは、生後のしつけや教育によって十分高めることができると考えられています。

では、ＥＱというのは、どのような能力を指すのでしょうか。

心理学の世界では、正確にはＥＩ（情動的知性）といいますが、ＩＱと対比させるためにＥＱと呼ばれ、それが広まったことから、一般社会ではＥＱという呼び方が定着しています。ここでもＥＱと呼ぶことにします。

ＥＱは、対自的能力と対他的能力に分けられます。いわば、自分の感情を理解し、それをコントロールする能力と、他人の感情を理解し、それに対応する能力を指します。

これをもう少し詳しく見ていくと、つぎのような構成要素に分けてとらえることができます。

（１）対自的能力
①自分の感情や欲求に気づく能力
②自分の感情や欲求をコントロールする能力
③自分を鼓舞し、やる気にさせる能力
④粘り強くものごとに取り組む能力
⑤ものごとを楽観的に受け止め前向きになる能力

（2）対他的能力

①人の気持ちに共感する能力

②人の立場や意向を想像する能力

③人の言いたいことを理解する能力

④人に自分の気持ちを伝える能力

⑤人と気持ちを通い合わせる能力

子どものしつけや教育の中で、忍耐力や粘り強さ、共感性などを身につけさせることが大事だとされてきましたが、それらはこのＥＱに含まれます。

実際に、ＥＱが高い方が、ストレス対処力が高く、学業成績が高く、職業的成功度が高く、社会適応がよく、人生の幸福感が高いことなどが報告されています。

やる気・粘り強さ……もＥＱが関係

小学生の学力にも、ＥＱ、とくに自分の感情をうまくコントロールできるかどうかが関係していることが学術研究によって確認されています。

さらに「中一の壁」などといわれるように、環境の大きな変化を経験する中学1年生にとっても、自分の感情をうまくコントロールできるかどうかが学力に関係することが示されています。

ＥＱが低い場合は、困難に直面するとすぐにヤケを起こしたり、諦めたりしがちです。ＥＱが高ければ、ネガティブな感情をうまくコントロールして、自分を鼓舞しながら、粘り強く困難に立ち向かうことができます。

ものごとに粘り強く取り組めるかどうかもＥＱしだいというわけです。

たとえば、試験前に勉強しなくちゃいけないことは頭ではわかっていても、どうもやる気が湧かない。そんな経験はだれにもあるでしょう。そんなときに、自分の気持ちを鼓舞してモチベーションを高めることができるかどうか。そこにＥＱが関係してくるわけです。

ＥＱが高いほど就職活動で成功しやすいという傾向も見られます。これは、自分の感情を適切にコントロールでき、人の気持ちや立場に対する共感性が高く、自分の思いをうまく伝えることができることが、面接官の高評価につながるのでしょう。

就職してからも、ＥＱの高さは仕事上の業績評価や給料の高さなどと関係していることが報告されています。採用時に企業がEQテストを実施することがあるのも、そうした事情に基づくものといえます。

さらにEQは、勉強や仕事がうまくいくかどうかだけでなく、人間関係がうまくいくかどうかにも深く関係します。

EQが高いほど、親子関係や友人関係、夫婦関係などプライベートな人間関係も良好であることが多く、職場や仕事上の人間関係もうまくいきやすいことがわかっています。また、上司－部下関係も、それぞれのEQが高ければうまくいきやすいとみなされています。

このようにEQの高さは、さまざまな人間関係に影響します。

自己コントロール力が高いと、大人になってからの収入も高い？

労働経済学に関する業績で2000年にノーベル賞を受賞した経済学者ジェームズ・ヘックマンは、人生のどの時点において教育に金をかけるのが効果的かを探求しています。

その結果、就学前、とくに乳幼児期における教育の投資効果が絶大であることを見出しました。その根拠となっているデータの一つが、アメリカで行われたペリー就学前計画です。

そこでは、ペリー小学校附属幼稚園のアフリカ系貧困層の子どもたちを対象として、幼児教育プログラムの効果が検証されました（日本心理学会監修『本当のかしこさとは何か――感情知性（ＥＩ）を育む心理学』誠信書房）。

この実験では、子どもたちを２つのグループに分けました。

ひとつのグループの子どもたちは、３歳から２年間、平日毎日、午前中に幼稚園に通い、初歩的な幼児教育のプログラムや遊びを中心とした活動に従事しました。さらに、週に１回、その親は先生から家庭訪問を受け、子どもたちの様子について、また発達や教育のあり方について話し合う機会をもちました。これには子どもにとって重要な教育環境でもある親の意識を高める意味があったのでしょう。

もうひとつのグループの子どもたちとその親は、とくに何も介入を受けませんでした。

その結果どうなったかというと、介入を受けた子どもたちのＩＱは、介入直後に著しく伸びました。これは予想通りのことです。

ただし、その伸びは長続きしませんでした。２年間の介入終了後は、徐々に両グループの差は縮まり、８歳時点ではほとんど差がなくなっていたのです。そうなると、幼児期の教育的介入には意味がないということになってしまいます。

ところが、40歳になったときの状況を調べると、介入を受けた子どもたちの方が、高校卒業率、収入、持ち家比率などが高く、離婚率、犯罪率、生活保護受給率が低いというように、大人になってからの人生における成功率が高いことがわかったのです。

ヘックマンは、こうしたデータをもとに、乳幼児期において重要なのは、認知的能力（いわゆるＩＱのような知的能力）ではなく、非認知的能力をしっかり身につけることだと結論づけました。

その非認知的能力というのは、自分を動機づける能力、長期的な視野で行動する能力、自分を信じる能力、他者を信頼する能力、自分の感情をコントロールする能力などです。

これらは、まさにＥＱに相当するものです。

ＥＱの核となる要素のひとつが自己コントロール力ですが、最新の心理学研究でも、自己コントロール力が人生の成功を大きく左右することが強調されています。

アメリカの心理学者テリー・モフィットは、１０００人の子どもを対象に、生まれたときから32年間にわたって追跡調査を行い、子ども時代の自己コントロール力が将来の健康や富や犯罪を予測することを発見しました。

つまり、我慢する力、衝動をコントロールする力、必要に応じて感情表現を抑制する力など、自己コントロール力が高いほど、大人になってから健康度が高く、収入が高く、犯罪を犯すことが少ないことがわかったのです。

このような自己コントロール力は、まさに日本の子育てや教育において伝統的に重視されてきたものといえます。

EQを高める子どもへの関わり方

では、どうしたらこのようにEQが高まるのでしょうか。

何よりも大事なのは、親が子どもとじっくり関わることです。それによってアタッチメント、つまり愛着の絆が形成されていきます。心理学では、乳幼児期の最も重要な課題は愛着の絆の形成だとみなします。

いつも身近にいて守ってくれる親の存在を感じることで、子どもは落ち着いてものごとに取り組むことができます。

たとえば1歳児は、愛着の絆ができていれば、その愛着の対象である親が傍《かたわら》にいることで、安心して冒険ができます。公園で知らない子がいても、親が見守ってくれていると思えば、不安を克服して自分なりに遊んで楽しむことができます。でも、愛着の絆がうまく形成されていないと、親の傍から離れることができません。

愛着の絆の形成が順調にいっていれば、そのうち親がいないときも、心の中に親がいる感じになり、不安にならずにひとりで遊べるようになります。遊びだけでなく、勉強のような知的活動も含めて、課題に集中できるようになるには、まずは安心できることが必要で、そのためにも親が子どもとじっくり関わることが大切になります。

関わる際に、積極的に言葉がけをすることも大事です。子どもは、生まれたときは言葉をもちません。親から何度も聞く言葉を自分の言葉として徐々に獲得していくのです。

言葉にはコミュニケーションの道具としての側面と思考の道具としての側面があることはすでに説明済みですが、どちらにおいても、幼いときの子どもにとって、親というのは言語環境としても絶大な影響力をもつのです。私自身、子どもとのやりとりの中で、子どもがこちらの言葉遣いをすぐに取り入れるのを実感しました。

たとえば、コミュニケーションの道具としての側面についていえば、親がどんな言葉がけをするかによって、子どもが友だちと話す言葉遣いが影響されます。言葉遣いだけでなく、親が相手の気持ちを気づかう言葉がけをしていると、子どもも友だちを気づかう言葉がけをするようになります。

思考の道具としての側面に関しては、親が悲観的な言葉を発していると子どもも悲観的な思考スタイルを身につけ、親が楽観的な言葉を発していると子どもは楽観的な思考スタイルを身につける、親が諦めの言葉を発していると子どもは何かにつけて諦めがちになり、親が粘り強さにつながる言葉を発していると子どもは粘り強くなるというように、親のちょっとした口癖が子どもの思考スタイルを方向づけていきます。

このように、日常の親との何気ない対話が、子どもの心に大事なものを刻み込むのです。思いやり、忍耐強さ、粘り強さ、やる気など、ＥＱの諸要素は、そうした日常的な関わりの中で身についていくのです。

ほめ方にもコツがある

ほめて育てることが推奨され、ほめればよいといった風潮が世の中に広まっていますが、頑張れない子どもや若者が増えていることの背景として、やたらほめまくることがあるようにも感じられます。

むやみにほめることの弊害の存在を証明した心理学者ムエラーとドゥウェックによる実

験は、ほめることが子どもの気持ちを萎縮させることがあるといった逆効果について、考えるヒントを与えてくれます。

彼らは、子どもたちに簡単な知能テストのようなものやらせ、テスト終了後にすべての子どもたちに、優秀な成績だったと伝えました。その際、子どもたちをつぎの3つの条件に振り分けました。

第1条件…こんなに成績が良いのは、まさに「頭が良い証拠」だと言われる

第2条件…何も言われない

第3条件…こんなに成績が良いのは、「一生懸命に頑張ったから」だと言われる

そして、これからやってもらう2種類の課題の特徴を説明し、どちらの課題をやってみたいかを尋ねました。一方は、あまり難しくなくて簡単に解けそうなもの、つまり良い成績を取って自分の頭の良さを示すことができそうな課題でした。もう一方は、難しくて簡単に解けそうもないもの、つまり良い成績を取って自分の頭の良さを示すことはできないかもしれないものの、チャレンジのしがいのある面白そうな課題でした。

その結果、条件によってどちらのテストを選ぶかが違うことがわかりました。

第1条件の「頭の良さ」をほめられた子どもは、67％と大半が簡単な課題の方を選びま

した。

第２条件の何も言われなかった子どもは、簡単な課題を選ぶ子と難しい課題を選ぶ子がほぼ半々でした。

第３条件の「頑張り」をほめられた子どもは、簡単な課題を選んだのはわずか８％で、92％とほとんどが難しい課題を選んだのです。

これにより、ほめることがモチベーションに与える影響は、ほめ方によって大きく異なってくることがわかります。

「頭の良さ」をほめると、良い成績を取らなければという思いが強まり、確実に成功しそうな易しい課題を選ぶ傾向があるのです。失敗することを恐れ、気持ちが萎縮してしまうのです。

それに対して、「頑張り」をほめると、もっと頑張ろうといった思いが刺激され、難しい課題にチャレンジしようとします。

ほめ方にもコツがあるのです。

子どものうちに存分に体験させておきたいこと

ＥＱの基礎は幼い頃に形成されるので、幼児期・児童期には、友だちとの関わりを十分に経験したり、思い切り遊ぶことが大切です。

友だちというのは、親と違って自分に合わせてくれません。それぞれが勝手な自己主張をするため、思い通りにならないことがしょっちゅうあります。時に腹が立つこともあるでしょうし、友だちが怒り出すこともあります。泣きたくなることもあるでしょうし、友だちが泣くこともあります。

そうしたやりとりを通して、自分の感情をコントロールする力や相手の気持ちに共感する力が身についていきます。これらはＥＱの重要な要素ですが、それは幼い頃の友だちとの関わりの中でつくられていくのです。

友だちができないという悩みを抱える若者が非常に多くなっており、私もそのような大学生たちのカウンセリングをしてきましたが、友だちとうまく関われないことのダメージは深刻です。その原因の一端は、幼い頃に友だちとの関わりを十分に経験していないところにあるように思われます。

幼い頃に十分経験しておかないと、ＥＱの基礎が形成されず、友だちとどう関わったらよいかがわからないのです。それで友だち関係に消極的になり、孤立気味になります。運良く友だちができても、関わり方に自信がないため、「変なヤツだと思われないか」「つまらないヤツと思われるんじゃないか」と不安になり、自分から関わりを避けるようになったりします。これでは生きる世界を狭めてしまいます。

企業ではコミュニケーション力の乏しい若手に手を焼いており、新卒採用にあたっては、コミュニケーション力を最も重視するという企業が圧倒的に多くなっていることは前述のとおりです。

また、引きこもりもコミュニケーション力の問題が大きく絡んでいることが多く、とても深刻な問題です。せっかく知識を身につけ、知的能力を高めても、社会にうまく居場所をつくれないと、それを活かすことができません。

このようなことを考えると、幼児期・児童期から友だちと遊ぶ経験を十分に重ねて、コミュニケーション面のＥＱを高めておくことが大切です。私は、友だちができない若者や引きこもり傾向のある若者が増えていることを懸念し、「人間関係の早期教育」を提唱してきましたが、ますますその必要性が増しているといっていいでしょう。

コミュニケーション力だけでなく、自発性も遊びを通して身についていきます。近頃は、幼児期からやたらと習い事漬けにして、遊ぶ時間を奪ってしまいがちですが、いわれたとおりに動くような習い事の場では、自発性は身につきません。

自分の思うように遊び回る自発的な動きを日常的に経験することが大切です。時を忘れて遊びに没頭することで、充実感を味わいながら、自発的に動く力、ものごとに夢中になって取り組む力を身につけていくのです。先生やコーチにいわれたとおりに動いたり、与えられた枠組みの中で動いたりしているのでは、受け身の習慣が身につくばかりで、自発性は育ちません。

幼児期・児童期に思い切り遊ぶ経験は、コミュニケーション力や自発性を高めるだけでなく、集中力や想像力を高めることにもつながります。

わが子に漢字を教えたり、計算を教えたりしても、気が散ってばかりで全然集中力がなくて困るという声を聞くことがよくありますが、どんな子も遊ぶときはものすごい集中力を発揮しているものです。

公園で遊んでいる子に、「もう帰るからね」といっても遊びに熱中していて聞こえず、再度声をかけても「もうちょっと」といって遊びに没頭している。そんなことがよくあるはずです。

何か好きなことに夢中になり没頭する経験は、集中力を身につけるためにも大切です。遊びを通して集中力を身につけることは、幼児期・児童期の重要な課題といえます。その時期にものごとに集中する癖を身につけておけば、将来勉強に集中する必要が生じたときも、高い集中力を発揮することができるものなのです。

ゲームはＩＱもＥＱも低下させる

遊びといっても、スマホなどで行うコンピュータゲームは、非常に問題があるといわなければなりません。

ゲームをすることが脳の発達に悪影響をもたらすことは、すでに多くの指摘があります。それは知っていても、子どもがやりたがるからといって、放置している親も少なくないようです。でも、ゲームの弊害は、子どもをしつける親としては、子どもの将来のためにも、もっと重く受け止めるべきではないでしょうか。

東北大学加齢医学研究所の川島隆太教授と横田晋務《よこたすすむ》助教たちの研究グループは、５歳から18歳の子どもや若者を対象に、３年間の間隔を空けて脳の画像を撮影し、知能も測定して、ゲームをする時間が脳の形や認知機能に与える影響について検討しています（川島隆太監修・横田晋務著『2時間の学習効果が消える！　やってはいけない脳の習慣』青春出版社）。

その結果、ゲームをする時間が長いほど、語彙力や言語的推理力に関連する言語性知能が低いことが明らかになりました。

さらに、脳の画像からは、驚くべきことに、ゲームをする時間の長い子どもの脳は、脳内の各組織の発達に遅れが見られることがわかりました。

また、ゲームをする時間が長い場合、脳画像から、記憶や自己コントロール、やる気などを司る脳の領域における細胞の密度が低く、発達が阻害されていることがわかりました。自分の感情をコントロールしたり、やる気を高めたりするのはEQの働きになります。

こうしてみると、ゲームをすることは、IQに関しても、EQに関しても、その発達を阻害するといえます。

子どもにスマホを使わせてはいけない

川島と横田の研究グループは、小学校5年生～中学校3年生を対象に、スマホの使用時間と学業成績の関係についての調査も行っています。

その結果、スマホの使用時間が長いほど成績が悪いことがわかりました。

恐るべきことには、1日2時間以上勉強していても、スマホ使用が4時間以上になると、スマホをやらないけど勉強時間が30分未満の子より成績が悪いのです。

ここからわかるのは、いくら勉強しても、スマホをしょっちゅういじっていると、それが帳消しになってしまうということです。ちゃんと長時間勉強しているから大丈夫と安心していると、取り返しのつかないことになりかねません。

では、なぜスマホを長時間使うと勉強した効果がなくなってしまうのでしょうか。それには、前項で説明したようなゲームをすることにより脳の発達上の問題が生じていることが関係していると考えられます。

ゲームで長時間遊んだあとの30分～1時間ほどは、前頭前野《ぜんとうぜんや》が十分働かない状態にあり、その状態で本を読んでも理解力が低下してしまうということを示すデータも報告されているそうです。

もうひとつ、ゲームだけでなく、スマホでラインなどの通信アプリを使う問題もあります。

川島・横田たちは、同じ調査を1年後にも行い、データを比較しています。

その結果、スマホの場合は使用時間を1時間に抑えることで成績への悪影響を防げるものの、ラインなどの通信アプリの場合は過去に使用していたというだけで成績に悪影響が出ることがわかったのです。

その理由として、ラインなどをやっている子は、勉強しようと机に向かっても、頻繁にメッセージが来てしまうため、勉強に対する集中力が切れてしまうこと、さらには相手から返事が来ないと、なぜ来ないのかが気になってしまい集中力がなくなることがあげられています。

最近は、小さい子にスマホをいじらせている親をよく見かけるようになりました。序章で指摘したように、プログラミング教育を文科省が推奨しているため、タブレットやスマホに慣れさせておくのもよいだろうと思う親も少なくないのでしょうが、考え直す必要があることがわかるでしょう。

内閣府が２０１６年に実施した「青少年のインターネット利用環境実態調査」によれば、平日にスマホでインターネットを利用している平均時間は、小学生（10歳以上）68分、中学生１２４分、高校生１７０分となりました。そのほとんどがＳＮＳに時間を費やしています。

大学生を対象に私が実施した調査でも、１００％の学生がスマホを使用しており、１日の平均利用時間は２１６分になり、ＳＮＳはそのうちの１２０分となっていました。

大学生になると検索に利用することも多いようですが、中学生以降はスマホでＳＮＳを２～３時間やっていることになります。そして、その兆候はすでに小学生の頃に見られます。

こうしてみると、子どもの学力低下を防ぐために、幼い頃からスマホ利用が習慣化しないような配慮が必要でしょう。

子どもの生活体験・自然体験の幅を広げさせる

このようなスマホ漬けを避けるためにも、子どもを戸外に連れ出して、自然の中にどっぷり浸かって楽しむ時間をもつことが必要です。

この章の冒頭で、知的発達のためには言葉や概念を実体験と結びつけて理解することが大事であり、それこそがＡＩが苦手で、人間だからこそできることであり、そのためには幼児期に十分な自然体験をすることが大切だと指摘しました。

学校に行くようになると知識の獲得や考え方の学習が中心になり、大人になるとそれを現実の問題解決に活かすことが求められますが、その基礎づくりとして、幼児期・児童期にはさまざまな遊びが体験学習になっています。

ノーベル賞を受賞した田中耕一氏も、小学校時代に理科の実験で感動した経験が原点になっているといいますが、教室での経験以前に、戸外の遊びによってさまざまな感動を得る機会があるはずです。そのときはとくに何も思わなくても、その経験があとになって大きなヒントになることもあります。

ところが、近頃は、子どもたちは塾通いや習い事に駆り立てられ、自然体験も生活体験も非常に乏しくなっています。

生活体験について、私が大学生を対象に調査したところ、日曜大工系では、

「ノコギリを使ったこと」がほとんどないという者――22％
「ノコギリやカナヅチ、ヤスリなどを使って棚などを作ったこと」がほとんどないという者――69％
「釘を打ちつけたこと」がほとんどないという者――16％

などとなっていました。

家事系では、

「服のほころびを繕《つくろ》ったこと」がほとんどないという者――37％
「取れたボタンを服に縫いつけたこと」がほとんどないという者――34％
「手でハンカチやシャツなどを洗濯したこと」がほとんどないという者――36％
「洗濯物を干したこと」がほとんどないという者――12％
「ご飯を炊いたりおかずを作ったりしたこと」がほとんどないという者――15％

となっていました。

このように、身のまわりのことを自分でしたことがないままに育った若者が結構いることがわかります。

ちょっとした経験が思いがけない発想をもたらすことがあるので、こうした生活体験の幅の狭さは、何としても防ぐことが必要です。

自然体験についても、私は以前から調査を行っています。

1990年頃に実施した調査でも、すでに若者が自然体験が乏しいままに育ってきているとがわかりましたが、その頃の若者を親として育ってきた今の若者は、さらに自然体験が乏しくなっています。

たとえば、水辺系では、

「海や川で魚釣りや魚すくいをしたこと（金魚すくいなどは除く）」がほとんどないという者――64％

「生きている魚に触ったこと（魚屋などを除く）」がほとんどないという者――52％

などとなっています。

植物系では、

「種をまいて植物を育てたこと」がほとんどないという者――48％

「木登りをしたこと」がほとんどないという者――41％

「果実を木からもぎ取ったこと」がほとんどないという者――54％

などとなっています。

昆虫や小動物系では、

「セミやトンボを捕まえたこと」がほとんどないという者――48％

「バッタやカマキリを捕まえたこと」がほとんどないという者――48％

「ミミズを触ったこと」がほとんどないという者――72％

などとなっています。

その他、

「泥遊び（公園の砂場などを除く）をしたこと」がほとんどないという者――45％

「落ち葉や枯れ葉で焚き火をしたこと」がほとんどないという者――73％

などとなっています。

このように、ひと昔前まではだれもがごくふつうに触れていた自然が、いつの間にかとても遠い存在になっていることがわかります。自然というのは、なかなかこっちの思うようにならないところがあり、自然体験は思い通りにならない人生を生き抜くための知恵を与えてくれます。そして、自然とのふれあいは、感動する心や待つ心を育ててくれるだけでなく、あらゆる発想の源にもなります。

いつの間にか生活体験も自然体験も乏しいままに子ども時代を駆け抜けてしまいがちな時代です。そんな時代の子育てでは、子どもに幅広い生活体験や自然体験をする機会を与えるように心がけることが大切です。

犬や猫を飼うのもよいでしょう。マンション住まいでそれは難しいという場合も、小鳥や熱帯魚、ハムスターなどなら飼うことができるのではないでしょうか。花を育てるというのも、手軽にできる自然体験になります。花が咲くのを楽しむこともできるし、実がなるのを楽しむこともできます。

家で生き物に触れるだけでなく、野山に出かけて昆虫採集をしたり、野鳥観察をしたり、植物観察をしたりするのもよいでしょう。自然公園のような人工的に整備されたところでも、それなりに自然とのふれあいができるはずです。

自分が育った家庭の教育方針を尋ねる調査を１９９３年と２０１７年に大学生を対象に

行っています。その結果を比べると、「ピアノなどの趣味的な習い事に通わせることに熱心だった」「学習塾に通わせることに熱心だった」「水泳、体操、サッカーなどスポーツ教室に通わせることに熱心だった」という家庭が増えているのに対して、「ハイキングや昆虫採集、木の実拾いに連れて行くなど、野山の自然体験を与えることに熱心だった」「潮干狩りや貝殻拾い、磯遊びに連れて行くなど、海辺の自然体験を与えることに熱心だった」「犬・猫や鳥を飼ったり、動物園に連れて行くなど、動物に慣れさせることに熱心だった」「植物を育てさせたり、草花の名を教えたり、植物園に連れて行くなど、植物を身近なものにさせることに熱心だった」「野鳥観察（バードウォッチング）・植物観察など、戸外の動植物の観察体験を与えることに熱心だった」という家庭は明らかに減っていました。

机上の知識を現実に応用できる生きた知識にするにも、生活体験や自然体験を豊かにすることが大切です。親自身が生活体験も自然体験も乏しい世代になっているので、つぎに述べる読書体験の場合と同じく、子どもの知的発達を促すために、親自身がちょっと頑張ってみることも必要でしょう。

IQもEQも高める読書習慣の身につけさせ方

私たちは、言葉を使ってものを考えるわけですから、言葉が豊かになることで思考が深まっていきます。

そこで大事なのは、幼い頃は読み聞かせによって、一人で読めるようになったら、読書習慣によって、言葉を心の中に蓄積していくように促すことです。促すといっても、「本を読みなさい」と強要するのは逆効果です。一緒に本を楽しむことが大切です。

読み聞かせには、IQを高める効果も、EQを高める効果もあります。

親が本を読み聞かせてあげることで、子どもの中に言葉が蓄積され、概念ができあがっていきます。それによってものを考えられるようになります。

ただ読み聞かせるのでなく、たとえば絵本の登場人物や動物の気持ちについて問いかけたり、代弁するような言葉がけをするなど、親自身が豊かな言葉を発したり、想像力や共感力を駆使する言葉がけをすることも大切です。それによって、子どもの国語力、つまり言語能力が発達します。

親の語彙が豊かなほど子どもの知的発達が促進されることは、心理学の世界ではすでに常識ですが、親の言葉によって他人の気持ちを想像する習慣や共感する力も身についていきます。

脳科学の研究によっても、読書習慣が脳の発達を促進することが証明されています。

川島と横田たちの研究グループは、５歳から18歳の子どもや若者を対象に、「あなたは、漫画や絵本を除く読書の習慣はついているほうだと思いますか」と尋ね、同時にＭＲＩで脳を測定し、それから3年後の脳の形態の変化を調べました。

その結果、読書習慣の強さは、神経線維の発達や言語性知能の向上と大きく関係していることが確認されました。

読書習慣のある子は、言語能力に関係する神経をよく使うため、連絡が密になり、言語能力に関係する領域の神経走行に変化が生じたと考えられます。川島と横田によれば、このような変化は大人になっても生じるため、何歳になっても読書習慣によって脳の発達を促すことができるとのことです。

大学では本を読めない学生が多くなり、講義やゼミでも教員は手を焼いています。本を読めないのですから、当然授業でテキストをもとに学ばせようとしても、学生は理解できません。その前に、見ただけで読む気をなくし、テキストを買わない学生も少なくありません。そのため、授業に出席はしていても何もわからないし何も身につかないといったことになりがちです。

これまでに本を読んだ経験がない、つまり本を読む習慣がないため、本を読むことに抵抗があると同時に、言語性知能の発達が阻害されているのでしょう。そのため読んでも意味がわからないのです。だからこそ大切なのが読書習慣をつけることです。

子どもの頃からタブレットをいじったり、コンピュータ・ゲームをしたりして遊び、中高生時代にはＳＮＳやインターネットで時間を潰す。そうしているうちに本を読めなくなっているのです。

その弊害は、すでに説明したので繰り返しませんが、読解力、思考力、想像力、共感力を高めるためにも、読書を習慣づけることが大切です。

そうはいっても、「本を読みなさい」と強制されたら読む気がなくなるのがふつうの反応です。そこで心がけたいのは、幼い頃から親が絵本などの読み聞かせをしてあげて、本に馴染ませることです。

中高生の読解力の低下や大学生の学力低下が指摘されますが、どちらもその背景として本を読まないことによる言語能力の未発達があると考えられます。

そうなると、早期教育としては、英会話よりも本の読み聞かせや読書習慣をつけさせることがとくに重要といえるでしょう。まずは国語力、日本語力を高めることです。

モデリングとしての親の習慣を意識しよう

心理学には、モデリングという考え方があります。人の行動を真似することです。とくに親の言葉遣いや行動をいつのまにか子どもが真似るというモデリングは始終行われています。

これは読書にもあてはまります。

「本を読みなさい」といくらいってもウチの子は本を読まないと嘆く母親に、「お母さんは本を読んでいらっしゃいますか？」と尋ねると、絶句します。親自身も本を読んでいないのです。

親が本を読まずに、テレビばかり見たり、スマホばかりいじったりしていると、モデリング効果が働いて、本など読まず、テレビばかり見たり、スマホばかりいじる子になっていきます。

親に読書習慣がないと、子どもに読書習慣がつきにくいだけでなく、親の語彙が貧困なために子どもの語彙も豊かになりません。ちゃんとものを考える子になってほしい、頭の良い子になってほしい。親ならだれもがそう思うはずです。そうであれば、思考の道具である言葉を豊かにもつように子どもに働きかけ、豊かな言語環境を与えるように心がけましょう。

教育心理学の世界では、家にある本の数が多いほど子どものIQが高いといわれたり、親の言葉の豊かさが子どもの知的発達を促すといわれたりします。それは、言い換えれば、親が本を読み、語彙が豊かだと、モデリングにより子どもも本を読むようになったり、子どもに対する親の言葉がけにも語彙の豊かさが見られたりするため、子どもの言語能力が発達し、知的発達が良好になるという意味です。

こうしてみると、親自身が本を読む習慣をつけることの効用も侮れません。

また、先に指摘したスマホ利用、SNS利用が学力低下を招くということに関連して、そこにもモデリングが働いていることを指摘しなければなりません。

先述の「青少年のインターネット利用環境実態調査」によれば、保護者が平日にスマホでインターネットを利用している平均時間は、小学生の保護者100分、中学生の保護者98分、高校生の保護者90分となっており、親自身が毎日1時間半もスマホを使い、SNSをしているのです。

そこにモデリング効果が働きます。親が「スマホをいじるのは脳に良くない」「もういい加減にやめなさい」などと口でいったところで、親自身がスマホをしょっちゅういじっているのでは説得力がありません。

最近気になるのは、電車の中などで、幼児が絵本を見ながら時々何かいいたげな表情で隣のお母さんの方を見ているのに、お母さんはスマホのゲームやＳＮＳに没頭しているため、子どもが声をかけそびれている、といった光景をよく目にすることです。

声をかけても、「ちょっと待って」「今取り込み中だから、ひとりで読んでて」などといわれた経験をしているため、諦めているのでしょう。これでは子どもが読書好きになることは期待できません。

そのうち本を投げ捨てて、スマホやタブレットでゲームやＳＮＳばかりやる子になっていくでしょう。そして、思考力の基盤となる日本語力が乏しく、ものを考えない子になっていきます。

中学生の２割が教科書の文章の主語と目的語がわからないほど読解力が乏しくなっているといった現状があるわけですが、これから育つ子は、親がよほど注意しないと、日常会話はできても文章が読めないし書けない子になってしまう可能性があります。もちろん日本語のことです。

子どもは、親がいうようになるのではなく、親がしているようになる。それがモデリングの原理です。とくに、小さい子どもは親の影響を受けやすいので、子どもの学力低下を防ぐには、何より親自身がスマホ利用を控え、読書習慣をつけるように心がけることが必要です。

それこそが、早くから英会話を学ばせるより、はるかに大事なことなのです。

青春新書
INTELLIGENCE

こころ涌き立つ「知」の冒険

いまを生きる

"青春新書"は昭和三一年に——若い日に常にあなたの心の友として、その糧となり実になる多様な知恵が、生きる指標として勇気と力になり、すぐに役立つ——をモットーに創刊された。

そして昭和三八年、新しい時代の気運の中で、新書"プレイブックス"にその役目のバトンを渡した。「人生を自由自在に活動《プレイ》する」のキャッチコピーのもと——すべてのうっ積を吹きとばし、自由闊達な活動力を培養し、勇気と自信を生み出す最も楽しいシリーズ——となった。

いまや、私たちはバブル経済崩壊後の混沌とした価値観のただ中にいる。その価値観は常に未曾有の変貌を見せ、社会は少子高齢化し、地球規模の環境問題等は解決の兆しを見せない。私たちはあらゆる不安と懐疑に対峙している。

本シリーズ"青春新書インテリジェンス"はまさに、この時代の欲求によってプレイブックスから分化・刊行された。それは即ち、「心の中に自らの青春の輝きを失わない旺盛な知力、活力への欲求」に他ならない。応えるべきキャッチコピーは「こころ涌き立つ"知"の冒険」である。

予測のつかない時代にあって、一人ひとりの足元を照らし出すシリーズでありたいと願う。青春出版社は本年創業五〇周年を迎えた。これはひとえに長年に亘る多くの読者の熱いご支持の賜物である。社員一同深く感謝し、より一層世の中に希望と勇気の明るい光を放つ書籍を出版すべく、鋭意志すものである。

平成一七年　　刊行者　小澤源太郎

著者紹介
榎本博明〈えのもと　ひろあき〉
心理学博士。1955年東京生まれ。東京大学教育心理学科卒。東芝市場調査課勤務の後、東京都立大学大学院心理学専攻博士課程で学ぶ。カリフォルニア大学客員研究員、大阪大学大学院助教授等を経て、現在、MP人間科学研究所代表、産業能率大学兼任講師。心理学をベースにした企業研修、教育講演を行っている。おもな著書に『「正論バカ」が職場をダメにする』(小社刊)、『「上から目線」の構造』『薄っぺらいのに自信満々な人』(日経プレミアシリーズ)、『ほめると子どもはダメになる』(新潮新書)、『カイシャの3バカ』(朝日新書)など多数。

その「英語《えいご》」が子《こ》どもをダメにする　青春新書 INTELLIGENCE

2017年9月15日　第1刷

著者　榎《えの》本《もと》博《ひろ》明《あき》

発行者　小澤源太郎

責任編集　株式会社プライム涌光
電話　編集部　03(3203)2850

発行所　東京都新宿区若松町12番1号 〒162-0056　株式会社青春出版社
電話　営業部　03(3207)1916　振替番号　00190-7-98602

印刷・中央精版印刷　製本・ナショナル製本

ISBN978-4-413-04520-9